불트만의 입장을 지지하든 반대하든 그의 논지를 건너뛴 채 현대 신약학을 논하기는 어렵습니다. 『예수 그리스도와 신화』는 흔히 비신화화와 양식비평으로 대변되는 불트만이 1951년 북미의 여러 대학에서 강의한 자료를 엮은 책으로 그의 신약학 방법론과 전제를 이해하기에 매우 적합하며, 그 분량과 서술의 간결함으로 인해 가독성이 좋습니다.

본서는 불트만의 상징이라고 할 수 있는 '비신화화'의 개념과 목적을 명료하게 소개합니다. 그는 비신화화를 통해 신약에 기록된 신화적 요소와 진술을 해석함으로써 신비의 의미를 파악하는 데 초점을 맞춥니다. 책에서 설명하는 불트만의 실존주의적 해석과 인간론 중심의 해석은 두 번의 세계 대전, 나치, 비관주의, 교회의 쇠퇴 시대에 살았던 학자로서 예수의 설교와 신약의 설교가 오늘을 사는 현대인들에게 어떤 의미가 있는지 고민한 흔적을 반영합니다. 불트만은 예수나 말씀의 역사성이 아니라 지금 여기에 있는 인간이 실존적으로 자각하고 결단하는 순간과 변혁에 초점을 맞춥니다. 불트만은 복음서에 기록된 예수와 사건들(예, 부활)의 역사성이 아니라 신학적 예수에 있는 교회의 실존적 신앙고백에 관심을 둡니다.

필자는 불트만의 비신화화 작업, 복음서 기록의 역사성과 복음서에 기록된 예수의 역사성에 대한 불가지론적 견해, 종말론과 우주론에 대한 실존주의적 접근에 동의하기 어렵습니다. 과연 역사성이 간과된 실존적 각성이 효력이 있는 것인지 의문입니다. 그러나 불트만의 신학에 동의하지 않는 독자들에게도 본서는 가장 영향력이 컸던 학자와 대화하는 테이블의 역할을 할 것입니다. 신약 해석학의 역사를 위한 연구에서 기초 자료인 것은 당연합니다.

본서를 비평적으로 읽는 독자들에게 이동영 교수의 비평적 해제는 대단히 흥미로운 조합입니다. 조직신학과 서양 철학의 전문가인 이동영 교수는 독일어판의 역자로 불트만의 신학과 사상을 개혁신학자의 관점에서 비평적으로 평가합니다. 그의 신학적 고민과 성찰이 담긴 해제는 독자들의 시선을 책의 마지막 페이지까지 중단 없이 사로잡을 것이 확실합니다.

강대훈_ 총신대 신학대학원 신약학 교수

종교개혁의 양대 산맥이었던 루터파 교회와 개혁파 교회는 그들의 신앙과 교리를 담은 문서(아우크스부르크 신앙고백서, 하이델베르트 교리문답서)와 루터, 멜랑흐톤, 칼뱅, 부처 등이 저술한 신학책들에 의해서 그 정체성이 형성되었습니다. 그에 반해 영국 성공회는 조금 다른 길을 걸었습니다. 성공회 역시 자신들의 신앙과 고백을 담은 42개 신조를 발표하긴 했지만, 대륙의 종교개혁 교회들의 신앙고백문처럼 그들 교회의 불변의 신앙고백으로 삼지는 않았습니다. 그리고 루터나 칼뱅, 멜랑흐톤처럼 체계적인 저술을 남긴 신학자들도 없었습니다. 그러다 보니 대륙의 종교개혁운동은 500여 년의 시간 동안 시대에 따른 수많은 교리논쟁과 신학적 방향의 변화가 많았지만, 성공회의 신학적 흐름은 대륙과는 달리 주로 성서학에 집중되었습니다. 한국 교회에서 인기 있는 신약학자들 중 거의 대부분이 성공회 주교이거나 사제들인 것은 결코 우연이 아닙니다. 루돌프 불트만의 성서해석방법론이 19, 20세기 성서학 전통이 강했던 영국 성공회에 끼친 영향은 대륙 못지않은 큰 충격과 변화였습니다. 그러나 불트만의 제자였던 케제만이 역사적 예수문제의 새로운 탐구를 이끌어내었듯이, 영국의 성서학자들 역시 불트만의 영향에서 벗어나고자 다양한 노력을 시도했습니다. 저는 이동영 교수가 30년 전에 번역하신 『예수 그리스도와 신화』(영역본)을 읽고 불트만의 신학을 접하게 되었습니다.

불트만이 직접 감수한 이 독일어 버전을 새롭게 번역하여 출간한 본서는 난해하고 복잡한 불트만의 지형도를 가장 쉽게 이해할 수 있는 유일한 책입니다. 게다가 이번에 새롭게 개정된 번역서에는 역자이신 이동영 교수의 상세한 해제가 첨부되어 있습니다. 이 해제만으로도 불트만의 복잡한 세계를 이해하는 데 큰 도움을 얻을 수 있습니다. 20세기 성서학뿐만 아니라 교의학에도 가장 큰 영향을 끼친 불트만에 대한 이해는 현대신학을 다루는 데 있어 반드시 넘어야 할 산입니다. 이번에 새롭게 번역 출간된 『예수 그리스도와 신화』를 통해 불트만에 대한 정당한 평가가 이루어지길 고대합니다.

박상용_ 대한 성공회 서울교구 사제

오래전의 일입니다. 저는 우연히 루돌프 불트만의 『예수 그리스도와 신화』를 어느 보수적인 학풍의 신학 도서관에서 발견하고 깜짝 놀랐습니다. 첫째는 불트만의 책이 한국의 보수적인 학풍을 지닌 신학교의 도서관에 꽂혀 있다는 사실에 놀랐고, 둘째는 역자 역시 보수적인 학풍에서 공부했다는 사실에 놀랐습니다. 하지만 이 놀라움은 또한 반가움이기도 했습니다. 불트만의 주저서가 우리말로 옮겨져 있다는 사실을 전혀 몰랐었는데, 이제 수업 시간에 학생들과 함께 이 문제작을 읽을 수 있다는 사실만으로도 흥분되었습니다. 이 책의 주된 주장이 비록 여러 면에서 비판을 받아 왔지만, 여전히 신학 공부를 위해 반드시 읽고 넘어야 할 산이라는 점에서 이 번역서의 출현은 놀라움이자 반가움이었습니다.

불트만의 신학은 과학기술이 발달하고 인간의 정신이 성숙해진 시대에 기독교 신앙이 지성의 희생을 강요당하지 않으면서도, 성서의 메시지인 하나님 말씀에 직면하여 실존적 결단과 변화라는 이해의 사건에 도달할 수 있는 길을 열어 주고자 했습니다. 물론 그가 제시한 비신화화를 통한 실존론적 신학의 방법과 내용이 21세기 신학이 다뤄야 할 주제와 짊어져야 할 과제에 비하면 턱없이 협소해 보일지 모르지만, 여전히 근본적인 방향의 하나를 지시하고 있다고 봅니다.

이번에 이 책을 독일어판에서 다시 번역하셨다니, 놀라움과 반가움이 배가 됩니다. 누구보다 전통적인 신학적 풍토를 중시하는 역자께서 이런 힘겨운 작업을 기꺼이 감내하셨다는 점이 놀라우면서도 감사할 따름입니다. 신학은 성서 적합성과 시대 책임성이라는 두 축 사이에 서 있습니다. 이 책 한 권으로 신학의 부활을 기대하기는 어렵겠지만, 우리 시대에 만연한 신학상실을 극복하도록 자극하기에는 충분하지 않을까 생각합니다.

박영식_ 서울신학대학교 교수, 『고난과 하나님의 전능』 저자 불트만 사상의 소개서로 오랫동안 사랑받아온 『예수 그리스도와 신화』가 첫 번역자인 이동영 교수의 독일어 판본 재번역으로 새로 태어났습니다. 한 시대를 풍미했던 신약성서학계의 거장이 '비신화화'와 '실존론적 해석'으로 대표되는 자신의 신학사상을 평이한 어투로 직접 해설한 이 책의 가치와 중요성은 새삼스레 재론할 필요조차 없을 것입니다. 놀라운 것은 1958년에 나온 이 오래된 책이 21세기를 살아가는 우리에게도 여전히 설득력 있고 아름다우며 심지어 은혜로운 이야기를 들려준다는 사실입니다.

과학시대를 살아가는 현대인들에게 성서의 말씀을 이해 가능한 형태로 들려주어야 한다는 불트만의 문제의식은 오늘 우리에게도 여전히 중요하고 적실합니다. 동시대의 다양한 학문적 흐름들을 장인의 솜씨로 통섭해 거대하고 설득력 있는 해석학적 체계로 빚어가는 과정은 감탄과 경이의 감정을 불러일으킵니다. '지금', '여기서' 행해지는 선포와 결단을 강조하는 실존론적 해석은 대다수 그리스도인들의 신앙 경험과 부합할 뿐 아니라, 오늘 여기서 이 책을 펼치는 우리의 가슴을 뜨겁게 합니다.

물론 이 책에 나온 불트만의 생각에 모두 동의할 필요는 없을 것입니다. 이동영 교수가 해제에서 잘 밝히고 있듯 그 역시 다른 신학자들처럼 시대의 아들이었기 때문입니다. 그러나 저는 우리가 불트만의 대담한 신학적 '결론'에 동의하지 않더라도 그가 보여준 치열한 신학함의 '태도'에는 공감할 수 있다고 생각합니다. 이 중요한 책과 함께 우리도 영원한 하나님의 말씀을 우리 시대에 적실한 메시지로 풀어내는 흥미로운 모험의 여정을 떠나 보는 것이 어떨까요?

정한욱_ 안과전문의, 『믿음을 묻는 딸에게, 아빠가』 저자

지난 세기의 인물 같지만, R. Bultmann은 신약학뿐 아니라 신학 전반에서 여전히 그 영향력이 지대합니다. 신학적 성향을 차치하고서라도, 신학을 연구하는 전문가는 전공을 불문하고 불트만의 신학적 이론의 인용을 수용적이든 비판적이든 피할 수는 없습니다. 본서는 1951년 미국의 예일 대학교 Divinity School을 시작으로 미국의 여러 대학과 신학교에 초청되어 발표한 불트만의 영어 강연을, 그의 제자 Richter가 번역하여 저자의 감수와 함께 본래 언어인 독일어로 출판한 책입니다. 원 저자의 신학적-학문적 깊이를 그대로 담았을 뿐만 아니라 영어본의 여러 오류를 수정한, 불트만의 의도가 좀 더 정확히 담긴 판본입니다.

일반적으로 신학자들은 불트만의 신학적 해석학 이론인 비신화화(Entmytolo-gisierung)를 신학의 연구사에서 부인할 수 없는 독보적인 학문적 공적으로 인식하는데, 본서 곳곳에 이러한 그의 신학의 근저인 신화의 해석학적 사유가 잘 드러나 있습니다.

특별히 역자가 책 말미에 쓴 비평적 해제는 불트만의 신학적-해석학적 배경과 사유의 정황을 객관적으로 평가하기 위한 좋은 이해를 갖는 데 도움을 줍니다. 독일어에서 번역된 많은 전문 서적들이 언어적 이해나 신학적 이해가 적절하지 못하여 읽으면서 시간을 낭비할까 염려한 나머지 그냥 독일어로 읽었던 경우를 기억하면, 이동영 교수의 번역은 그 두 가지를 걱정하기 않고 읽을 수 있는 번역서라는 것에 의심의 여지가 없습니다.

우리 대학교 자신의 연구실에서 밤늦게까지 늘 연구에 몰두하는 이동영 교수의 이 역서가 신약학뿐 아니라 신학 전반에 진지한 많은 독자들에게 적잖은 영향력을 줄 것이라고 생각합니다. 신약학에도 깊은 전문지식을 가진 조직신학자의 통찰력 있는 번역으로 탄생한 이 역서를 신학적 지평을 여는 좋은 학술서로 추천합니다.

최순봉_ 서울성경신학대학원대학교 총장, 신약학

현대인들에게는 복음서가 어렵습니다. 귀신이 등장하고, 귀신은 예수님께 부탁을 하고, 예수님은 기도로 그 병을 고쳐주십니다. 하물며 손만 대어도 병이 낫는 경우가 있습니다. 한때 어떤 학자들은 복음서 속에서 '역사'를 발굴하면 현대인들에게 유의미한 결과를 줄 수 있다고 믿었습니다. 그들은 실제 팔레스타인 땅을 거닐던 예수님의 진짜 역사가 핵심이라 생각했습니다. 복음서 속에서 예수님이 진짜 남기셨던 흔적과, 후기 교회가 덧붙인 흔적 사이를 구분하려 애썼습니다. 반면 어떤 학자들은 복음서 속에서 '역사'를 발굴하는 것이 불가능하다고 말했습니다. 아무리 연구해도 그가 발견한 것은 예수님을 만난 그리스도인들의 신앙이었습니다. 네, 루돌프 불트만은 후자에 속한 사람입니다. 그는 복음서를 연구하는 신약학자의 입장에서 자신이 연구한 결과를 주장합니다. 복음서를 들여다보니 그곳에는 초기 그리스도교 공동체들의 신앙이 있었다고 말합니다.

『예수 그리스도와 신화』는 루돌프 불트만이 주장했던 비신화화(Entmythologisierung) 이론을 잘 설명하고 있는 책입니다. 그가 보기에 복음서의 핵심은 초기 그리스도교 공동체들의 신앙입니다. 따라서 그는 현대인들이 복음서를 통해서 (초기 그리스도교인들처럼) 신앙을 가질 수 있어야 한다고 생각했습니다. 하지만 다수의 현대인들은 복음서 곳곳에 있는 (귀신이 등장하고 기적이 일어나는) 고대의 신화적 세계관 앞에서 걸려 넘어집니다. '십자가의 걸림돌(갈 5:11)' 앞에서 넘어져야 참된 신앙을 가질 수 있을 텐데, 신화적 세계관이라는 어설픈 걸림돌 앞에서 넘어지는 겁니다. 따라서 그는 신화적 세계관의 걸림돌은 걷어내고 참된 십자가의 걸림돌이 드러나게끔, 성경을 현대인들에게 걸맞게 해석할 것을 제안합니다. 신약학자의 정체성 및 설교자의 정체성이 묻어나는 부분입니다. 이것이 바로 비신화화(Entmythologisierung)의 핵심주장입니다.

불트만의 주장은 예리합니다. 그의 통찰은 여전히 반짝입니다. 오늘날에도 유의미합니다. 하지만 그의 논리에는 시대의 한계에 따른 문헌적 오류가 있습니다. 또한 조직신학자의 주장이 아닌 만큼 완결성 있는 신학 체계가 아닌 제안에 가깝습니다. 따라서 역자 이동영 교수는 번역에 더해 가이드까지 겸합니다. 『예수 그리스도와 신화』를 오늘날에 걸맞게 다시 해석하고 있는 것입니다. 서문과 해제를 통해 맥락을 명료하게 해설하고, 오늘날에도 여전히 유의미한 부분과 다소 한계가 있는 부분을 콕콕 집어내는 솜씨가 매섭습니다.

본서는 고전입니다. 고전에는 별다른 추천이 필요 없습니다. 저자를 알고, 제목을 알고 있다면 본서를 소장하지 않을 이유가 없겠습니다.

홍동우_『교회답지 않아 다투는 우리』 저자

예수 그리스도와 신화
- 성서비평의 빛에서 바라본 신약성서 -

지우

겸손하고 선한 그리스도인들을 위한
좋은 책을 만듭니다.

예수 그리스도와 신화

초판 발행 2024년 2월 29일

지은이 루돌프 불트만
옮긴이 이동영
펴낸이 박지나
펴낸곳 지우
출판등록 2021년 6월 10일 제399-2021-000036호
이메일 jiwoopublisher@gmail.com
인스타그램 instagram.com/jiwoopub
페이스북 facebook.com/jiwoopublisher
유튜브 youtube.com/@jiwoopub

ISBN 979-11-93664-02-5   03230

ⓒ 지우

예수 그리스도와 신화

: 성서비평의 빛에서 바라본 신약성서

루돌프 불트만 지음 | 이동영 옮김, 비평적 해제

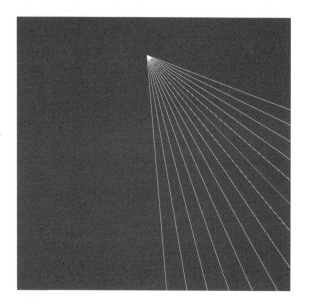

Jesus Christus und die Mythologie

: Das Neue Testament im Licht der Bibelkritik

Rudolf Bultmann

지우

헌사

이 역서를 고창 우리안과의 정한욱 원장님과 병원 스텝들
(나병애 선생님, 김수지 선생님, 서보경 선생님, 오영숙 선생님)에게
감사의 마음을 담아 헌정합니다.

차례

영어판 저자 서문

이 얇은 책에는 내가 1951년 10월에 예일대학교(Universität Yale) 신학부(Divinit School)의 샤퍼 강좌(Shaffer Lectures)에서 행한 강의들과 1951년 11월 밴더빌트대학교(Vanderbilt Universität)의 콜 강좌(Cole Lectures)에서 행한 강의들이 포함되어 있습니다. 그리고 샤퍼 강좌와 콜 강좌에서 행한 강의의 내용들은 부분적으로 동일합니다.

그리고 몇 개의 강의들은 다른 대학교에서 행해졌습니다. 그 대학들은 다음과 같습니다. 웰즐리대학(Wellesley College), 앤도버 뉴턴 신학대학(Theologische Hochschule Andover Newton), 보스턴대학교(University Boston)와 시카고대학교(University Chicago)의 신학부, 매이우드 루터신학교(Lutherischer Seminar Maywood), 프린스턴신학교(Princeton Theological Seminary), 드

류신학교(Drew Seminar), 하드포드신학교(Seminar Hartford), 에머리대학교(University Emory), 유니온신학교(Union Theological Seminary, New York) 그리고 크로저신학교(Theological Seminary Crozer).

나는 기쁨으로 이 학교들을 방문했던 것을 기억합니다. 그리고 도처에서 내가 받았던 친절한 환대와 동료들과의 수많은 토론에서 배웠던 모든 것들에 대해서 감사드립니다. 특별히 나는 샤퍼 강좌와 콜 강좌를 행할 수 있도록 나를 초대해 준 예일대학교와 밴더빌트대학교에 특별한 유대감을 느낍니다.

마지막으로 나는 원고의 인쇄를 준비해 준 폴 슈베르트 교수(Professor Paul Schubert)께 감사의 말씀을 전합니다. 그리고 작업의 여러 단계에서 슈베르트 교수를 도와주었던 에리히 딩클러 교수(Prof. Dr. Erich Dinkler)와 화이틀리 씨(Herr D. E. H. Whitely) 그리고 빅터 P. 퍼니쉬(Victor P. Furnish)에게도 감사의 마음을 전합니다.

1958년 4월, 마르부르크(Marburg)에서
루돌프 불트만

독일어판 저자 서문

영어로 행했던 나의 강연이 이제 독일어판으로도 독자들에게 제공되게 된 것을 기쁘게 생각합니다. 나는 이 독일어 판본이 내가 의도한 신학적 작업에서 종종 드러났던 적지 않은 오해들을 제거하고 바로잡는 데 기여할 수 있기를 희망합니다. 현대인들을 위해 성서의 말씀을 이해하기 쉽게 만들고자 하는 나의 의도가 이 독일어 판본과 더불어 더욱 명확해지기를 바라며, 성서의 말씀이 현대인들에게 생생한 어법으로 들릴 수 있게 되기를 희망합니다.

1964년 6월, 마르부르크(Marburg)에서
루돌프 불트만

역자 서문

독일 마르부르크(Marburg)의 신약성서학자 루돌프 불트만 (Rudolf Bultmann, 1884-1976)이 현대 신약성서학에 미친 영향은 실로 엄청났습니다. 오늘날 신약성서학의 중요한 쟁점들을 논구하는 수많은 신약성서학자들의 저술들 속에서 불트만의 이름이 거의 빠지는 적이 없으니 말입니다. 우리 개혁교회의 신학도 세계 신학의 흐름 속에서 불트만에게 적지 않은 자극과 도전을 받은 것이 사실입니다. 예를 들면 지난 세기에 네덜란드 캄펜신학대학교(Theologische Universiteit te Kampen)에서 가르쳤던 저 유명한 신학성서학자 헤르만 니코. 리델보스(Herman Nicolaas Ridderbos)가 그의 명저 『바울』 (Paulus, Kampen: Kok, 1967)에서 불트만을 끊임없이 의식하며 시종일관 그와 대결하고 있는 것만을 보더라도 그가 우리

개혁신학과 세계 신학계에 던진 도전이 얼마나 큰 것이었는지를 과히 짐작할 수 있습니다. 더구나 불트만은 우리나라의 보수적인 교회의 분위기에서 매우 위험시 되어오던 인물입니다. 이런 우리의 현실에도 불구하고 역자가 불트만의 저작을 번역한 이유는 역자 자신이 그의 신학사상에 동의하기 때문이 아닙니다. 역자는 이번에 이 책을 다시 읽으면서 과거 젊은 신학생 시절 이 책을 읽었을 당시 불트만에게 느꼈던 분노와 어려움, 그리고 그에 대항했던 피나는 신학적 고투에 대한 기억이 문득문득 떠올랐습니다. 당시 어리고 실력이 일천했던 저는 불트만의 신학 앞에 무릎 꿇을 수 없다는 절박한 심정으로 그와 대결해야만 했습니다. 특히 불트만의 '역사적 예수 불가지론'(Atheismus vom historischen Jesus), 그리고 신약성경의 구원사와 종말론의 틀을 고대 신화의 껍질에 불과하다고 주장하는 것에 대해 역자는 정말이지 치를 떨며 노여워했던 것으로 기억합니다. '내가 비록 실력이 부족하여 성경 문헌학적인 관점에서 불트만 당신에게 제대로 반박할 수 없지만, 당신에게 결코 굴복하지 않겠다' 이것이 당시 불트만 신학을 접한 저의 심경이었습니다. 당시 진보적인 학풍을 가진 신학대학에 다니던 제 선배는 저만 만나면 마치 큰 진리라도 설파하듯이 우월 의식을 가지고 불트만과 그의 우파 신학자들의 가설을 늘어놓았습니다. 그러면서 복음서에 나오는 예수님의 가르침의 역사성을 신뢰하는 저를 한심하고 딱하다는 듯 비웃었는데 그로 인해 당시 제가 얼마나 분통이 터졌는지 모릅니다. '불트만과 그의 우파 학자들이 주장하는 것처럼 복음서를 통해 역사적 예수를 발견할 수 없다면, 남는 것은 그리스도에 대한 관념뿐이지 않는가? 그렇다면 이것은 가현설일 뿐이다. 그러므로 나는 절대로 이러한 논리에 굴복할 수 없다' 젊은 신학생 시절 저는 불트만에 대항한 고투 속에 놓여있었습니다. 그런 저에게 불트만과 그의 우파 신학자들을 극복할 수 있는 가르침의 서광을 비쳐준 신약성서학자들이 다름 아닌 저의 스승이었던 정훈택 교수님과 김세윤 교수님 그리고 이 두 분 스승들이 소개해 주었던 요아킴 예레미야스(Joachim Jeremias), 에른스트 케제만(Ernst Käsemann), 오스카 쿨만(Oscar Cullmann), 헤르만 니코. 리델보스(Herman Nicolaas Ridderbos), 하인리히 바알링크(Heinrich Baarlink), 마르틴 헹엘(Martin Hengel), 토마스 월트 멘슨(Thomas Walter Manson)이었습니다. 이분들의 가르침을 통해 저는 신학적으로 성장할 수 있었고, 학문적으로 불트만을 극복할 수 있었습니다. 정훈택 교수님과 김세윤 교수님 두 분 스승의 가르침이 없었다면, 그 후 저는 조직신학자로서 불트만의 신학적 논리에 휘둘려 결코 '역사적 예수'의 가르침과 사역의 기반 위에서 그리스도론에 대한 연구를 수행하지 못했을 것이며, 가현설적인 그리스도론을 극복하지 못했을 것입니다.[1] 그러므로 역자는 이 자리를 빌려 여전히 불트만에게 동의할 수 없는 명백한 입장 차이를 가지고 있음을 밝혀두는 바입니다.

그렇다면 왜 역자는 불트만의 이 저서를 번역하게 된 것일까요? 그 이유는 불트만의 신학이 20세기 신약성서신학과 해석학에 미친 영향력을 감안했을 때, 그의 신학에 비판적 안목과 조예가 우리에게 필요하기 때문입니다. 현대 신약성서신학에서 불트만이 차지하는 비중과 영향력이 너무 크기에, 그에 대한 정확한 이해와 비판적인 안목이 여전히 필요합니다. 상대방의 사상에 무지하면서 상대방의 사상을 비판할 수 없는 노릇입니다. 상대방의 신학을 정당하게 비판하기 위해서는 상대방의 신학을 잘 알아야만 하는 것입니다.

불트만의 신약성서신학의 핵심은 신약성서의 선포, 즉 케리그마(Kerygma)의 해석에 집중되어 있었다고 해도 과언이 아닙니다. 그는 신약성서의 케리그마를 해석하는 핵심적인 해석학적 이론으로서 '비신화화 이론'과 '실존주의 해석'을 제시하여 세계 신학계에 큰 도전과 파문을 던졌습니다. 그러므로 신약성서 케리그마의 비신화화와 실존주의 해석은 그의 신학사상의 핵심적인 개념들이라고 하겠습니다.

---

1 젊은 신학생 시절 불트만 신학에 대항한 역자의 고투에 대해서는 역자의 저서 『신학 레시피』의 '제18강 역사적 예수 불가지론에 대항하여'를 읽어보시면 된다(이동영, 『신학 레시피』 [서울: 새물결플러스, 2020], 329-347).

불트만의 대부분의 저서들이 난해하고 그 이해에 있어서 고도의 철학적, 신학적 훈련을 요합니다. 그래서 그의 저작들을 통해 그의 사상의 중요한 개념들을 파악하기란 결코 쉬운 일이 아닙니다. 그런데 이 책은 미국 풀러신학교(Fuller Theological Seminary)에서 가르쳤던 유명한 복음주의 신약성서학자 조지 엘돈 레드(Georgy Eldon Ladd)가 올바르게 서평했듯이 불트만 스스로가 자신의 신학사상의 핵심에 대해 비교적 평이한 문체로 대중들에게 강의한 내용이기 때문에 불트만의 신학사상을 이해하는 데 가장 으뜸가는 입문서로 평가되어 왔습니다. 이것이 역자가 불트만의 저작들 중 이 책을 선택하여 번역하게 된 이유입니다.

역자가 번역을 위해 사용한 판본은 우르슬 리히터(Ursel Gwynnie Richter)가 번역하고 불트만이 직접 감수한 독일어 판본입니다. 원래 이 책 『예수 그리스도와 신화』는 1951년 10월 경 불트만이 미국으로 건너가서 예일대학교 신학부의 샤퍼 강좌(The Shaffer Lectures)와 밴더빌트대학교의 콜 강좌(Cole Lectures), 그리고 기타 여러 대학에서 영어로 행했던 강연들을 토대로 한 것입니다. 그래서 불트만이 독일 신학자임에도 불구하고 이 책에 한에서는 영어 판본이 원본이고 독일어 판본 번역본입니다. 역자가 번역한 독일어 판본이 영어로 작성된 불트만의 미국 강연 원고를 그의 제자 우르슬 리히터가 독일어로 번역한 것입니다. 그렇다면 여기에서 한 가지 질문이 제기될 수 있습니다. 이 책의 원래 원고가 미국에서 영어로 행한 불트만의 강연이라면 영어에서 번역하는 것이 더 원전에 가까운 것이 아닌가라는… 물론 이러한 질문은 일리가 있습니다. 그럼에도 불구하고 역자가 독일어 판본을 택한 이유는 불트만 스스로가 독일어 판본의 서문에서 밝힌 것처럼 독일어 판본이 가지는 중요성 때문입니다. 불트만에게 영어는 외국어입니다. 그래서 영어로 행한 강의에서 자신의 의도와 달리 제대로 의미가 전달되지 않음으로 인해 오해가 생긴 부분이 있었다는 것입니다. 따라서 불트만은 독일어 판본을 통해 그러한 오해와 오독을 바로잡기를 원했습니다. 그래서 불트만은 자신의 미국 강연을 독일어로 번역한 우르슬 리히터의 원고를 자신이 직접 읽고 감수함으로써, 자신이 영어로 행한 미국 강연의 내용을 독일어로 정확하게 다시 개진하기를 원했습니다. 이러한 사실을 감안한다면 불트만이 미국에서 행한 강연의 원고보다 독일어 판본이 불트만의 의도에 좀 더 정확하게 부합되는 정교한 판본이라 할 수 있습니다. 역자는 이미 1993년 신학생 시절에 본서의 영어 판본을 우리말로 번역했습니다. 이번에 독일어 판본을 검토하면서 불트만이 언급한 것처럼 영어 판본에서 노출되는 여러 표현상의 오해나 오류들이 독일어 판본에서 수정되었음을 발견할 수 있었습니다. 이것이 역자가 불트만의 미국 강연 『예수 그리스도와 신화』를 독일어판으로부터 다시 번역한 이유입니다.

역자가 불트만의 『예수 그리스도와 신화』를 1993년에 영어판으로부터 번역 출판한 이래로 이 책은 교파의 장벽을 넘어 현대신학을 연구하는 국내의 대학원 과정의 수업에서 꾸준히 읽혀 왔다는 사실을 최근에 후학들을 통해서 듣게 되었습니다. 이 책이 지금도 독자들에게 꾸준히 읽히고 있다면, 과거에 이 책을 우리말로 번역한 역자의 입장에서 이왕이면 보다 정확한 번역을 독자들에게 제공하는 것이 좋겠다는 생각을 하게 되었습니다. 독자들은 본서의 새로운 번역을 통해서 불트만의 논지에 부합되는 보다 정확한 우리말 번역을 만나게 될 것입니다.

책의 말미에 실려 있는 '비평적 해제'는 독자들에게 이 책에 대한 입체적인 이해와 비판적인 안목을 돕기 위해 역자가 집필하여 개재한 것입니다. 불트만 신학에 대한 사전 지식이 있는 독자들은 이 책을 다 읽고 난 후에 읽어보시면 좋겠습니다. 그리고 불트만 신학에 대한 사전 지식이 없는 독자들은 본문을 읽기 전에 먼저 읽어볼 것을 권합니다. 본 해제는 이 책에서 불트만이 주장하는 바를 입체적으로 이해하는 데 도움이 될 뿐만 아니라 그의 신학이 보이는 문제점이 무엇인지를 비판적으로 파악하는 데도 도움이 될 것입니다.

항상 진지하게 학문과 신앙에 관해 많은 대화를 나누어 주셨으며, 30년 전 신학생 시절 이 책을 번역했을 당시 기꺼이 감수를 맡아 주셨던 지금은 하늘나라에 계신 역자의 사랑하는 스승 정훈택 교수님을 그리움 속에서 아름답게 추억합니다. 역자가 가지고 있는 공관복음에 대한 정통한 신학적인 지식들의 거의 대부분은 교수님으로부터 배운 것입니다. 교수님이 계시지 않았다면 저는 결코 불트만을 성공적으로 극복해 내지 못했을 것입니다. 역자가 한국에서 신학대학원을 마치고 유럽으로 유학을 떠나게 된 것도, 그리고 어려운 유학생활 가운데서도 포기하지 않고 끝내 학업을 성취할 수 있었던 것도 정훈택 교수님의 자애롭고 따뜻한 격려와 가르침이 있었기 때문입니다. 교수님이 지금 역자 곁에 계셨다면 이 책의 감수도 당연히 교수님께 부탁드렸을 것입니다. 역자의 학자로서의 여정이 마무리되는 그 시간까지 교수님의 제자로서 부끄럽지 않은 학자가 되어야겠다고 다짐해 봅니다.

이 책을 번역하고 비평적 해제를 집필하는 과정에서 서울성경신학대학원대학교 학술진흥기금의 지원을 받았습니다. 이에 학교 당국에 감사를 드립니다.

그리고 이 책의 독일어 번역과 비평적 해제에 관심을 가져주시고 기꺼이 원고의 출판을 허락해 주신 출판사 지우에게도 감사의 마음을 전합니다. 좋은 신학도서를 출판하여 한국

교회를 섬기고자 하는 선한 마음이 아름답게 결실할 수 있기를 기도합니다.

마지막으로 이 역서와 더불어 감사해야만 할 분이 계십니다. 좋지 않은 눈을 가진 역자가 이 번역을 마무리 지을 수 있었던 것은 안과 전문의인 정한욱 원장님의 각별한 보살핌이 있었기 때문입니다. 호학지사(好學志士)이며 인문작가이시기도 한 정한욱 원장님의 배려와 보살핌이 아니었다면 정말 역자의 눈은 빛을 잃고 어두움 가운데 오랫동안 낙심의 시간들을 보내야만 했을 것입니다. 앞으로도 신앙 안에서 지성과 진실을 추구하며 살아가야만 하는 생의 도상에서 소중한 인연으로 함께 하기를 소망합니다. 이에 이 역서를 역자에게 큰 치료의 은혜를 베풀어 주신 고창 우리안과의 정한욱 원장님과 병원 스텝들(나병애 선생님, 김수지 선생님, 서보경 선생님, 오영숙 선생님)에게 감사의 마음을 담아 헌정합니다.

2023년 5월 31일, 한여름의 문턱에서
이동영

I   예수의 메시지와
     신화의 문제

Jesus Christus und
die Mythologie

1.

예수가 행한 설교의 핵심적인 주제는 하나님의 통치(하나님의 나라)입니다. 19세기의 주석과 신학에 있어서 하나님의 통치란 인간의 의지를 지배하는 하나님의 뜻에 복종하는 자들의 영적인 공동체로 이해되었습니다. 하나님의 뜻에 복종함으로 그들은 세상 속에서 하나님의 통치의 영향력을 확대하고자 노력했던 것입니다. 19세기의 주석과 신학은 말하기를, 하나님의 통치는 세상 속에서 효력을 발휘하며 세상 속에서 활동하기에 그들은 하나님의 통치를 하나의 영적이면서도 세계 내적인 나라로서 세우기를 원했다는 것입니다. 왜냐하면 19세기의 신학과 주석에 따르면 하나님의 나라는 세상의 역사 속에서 펼쳐지기 때문입니다.

 1892년 요한네스 바이스(Johannes Weiss)는 『하나님나라에
관한 예수의 설교』(Die Predigt Jesu vom Reiche Gottes, 제2판,
1900)라는 저서를 출판했습니다.[2] 바이스는 자신의 기념비적

---

2 역자 주: 요한네스 바이스(Johannes weiß, Johannes Weiss, 1863년 12월 13
 일–1914년 8월 24일)는 키일(Kiel)에서 베른하르트 바이스(Bernhard Weiß)
 의 아들로 태어난 독일 루터교회의 신학자이며 성서주석가이다. 마르부르크
 (Marburg)대학, 베를린(Berlin)대학, 괴팅겐(Göttingen)대학, 그리고 브레슬
 라우(Breslau)대학에서 공부했다. 그는 마르부르크대학교, 괴팅겐대학교 그
 리고 하이델베르크대학교에서 교수 생활을 했으며, 신약성서비평사에 큰 족
 적을 남겼다. 요한네스 바이스는 알버트 슈바이처 (Albert Schweitzer)와 함
 께 철저하게 임박한 재림을 강조하는 철저 종말론(Konsequenze Eschatologie)
 을 주장했다. 그는 자신의 작은 분량의 책 『하나님나라에 관한 예수의 설
 교』(Die Predigt Jesu vom Reiche Gottes)라는 저서에서 자신의 장인이었
 던 알브레흐트 리츨(Albrecht Ritschl)의 하나님나라의 이해에 대항하여 예
 수의 설교가 가지는 임박한 종말론적 성격을 지적했던 것이다. 리츨학파
 에 속했던 한 명의 제자이며 리츨의 사위이기도 했던 바이스는 자신의 장
 인 리츨이 세상을 떠난 3년 뒤인 1892년에 이 책을 발표하여 자신의 스승
 이며 장인인 리츨의 하나님나라 사상을 정면으로 비판했던 것이다. 임마누
 엘 칸트(Immanuel Kant)와 계몽주의의 진화론적인 낙관주의에 심대한 영
 향을 받았던 19세기 문화개신교주의(Der Kulturprotestanismus)는 하나
 님의 나라를 예수의 사랑의 법의 실천을 통해서 세상 속에 건설되는 나라
 로서 정의함으로써 하나님나라의 내재성을 강조했다(J. Weiss, *Die Predigt
 Jesu vom Reich Gottes*, 2 Völlig neubearbeitete Aufl. [Göttingen 1900],
 Vorwort). 이러한 하나님나라 개념의 중심에 알브레흐트 리츨이 서 있었
 던 것이다. 리츨은 헤겔(Friedrich Georg Hegel)의 사변적 형이상학에 대항
 하여 실천이성(praktische Vernunft)의 중요성을 강조한 한 명의 신칸트주
 의자(Neukantianer)였다. 그는 칸트의 노선을 따라 그리스도교를 윤리적
 인 종교로 정의했다. 리츨에게서 하나님의 나라는 윤리적인 가치의 관점에
 서 해석되었다. 하나님나라의 건설은 신약성서 안에서 예수가 지향했던 윤
 리의 목표라고 리츨은 주장했던 것이다(Anthony A. Hoekema, *The Bible
 and Future* [Grand Rapids: Eerdmans, 1979], 288). 리츨은 하나님의 나
 라 내지는 하나님의 통치를 하나님 편에서 종말론적인 선물로 인간에게 주
 어지는 나라가 아니라, 인간의 윤리적 과업으로서 건설되는 나라라고 간

인 저서를 통해 지금까지 일반적으로 널리 통용되었으며 받아들여졌던 그와 같은 성서해석을 완전히 뒤집어엎었습니다. 바이스는 이 책에서 하나님의 통치는 세상 속에 내재하는 것이 아니고, 그렇다고 세상 역사의 일부로서 성장하는 것도 아니며, 오히려 하나님의 나라는 전적으로 종말론적인 것이라고 주장했습니다. 바이스에 따르면 하나님의 왕적인 통치는 역사적인 질서를 넘어선다는 것입니다. 하나님의 통치는 인간의 도덕적인 노력을 통해 실현되는 것이 아니라 오직 초자연적인 하나님의 행동을 통해 실현된다는 것입니다. 하나님은 세상과 역사에 종말을 오게 하시고, 새로운 세계로서 영원한 생명과 축복의 세계를 가져다주실 것입니다.

하나님의 통치에 대한 묵시문학적인 표상은 예수가 창작

주했던 것이다(G. C. Berkouwer, *The Return of Christ*, trans., James van Oosterom [Grand Rapids: Eerdmans, 1972], 25; Wilfried Joest, *Dogmatik* , II [Göttingen: Vandenhoek & Ruprecht, 1996], 623). 리츨과 그의 학파는 하나님의 나라 내지는 하나님의 통치를 실천이성적인 도덕신학의 관점에서 이해했던 것이다. 그들은 하나님의 나라를 예수의 사랑의 법이 형성시키는 윤리적-종교적 공동체로서 규정했다(A. Ritschl, *Die christliche Lehre von der Rechtfertigung und Versöhnung*, Bd. III [Bonn, 1988] 60-8). 리츨 학파는 예수를 인간의 윤리적인 모범(Vorbild)으로 규정하고 가르쳤던 것이다. 인간은 예수의 사랑의 윤리를 실천함으로써, 하나님의 나라를 지상에 건설할 수 있다. 요한네스 바이스가 이미 지적한 바와 같이, 리츨의 아이디어는 칸트의 윤리학과 계몽주의 신학에 그 뿌리를 두고 있다(J.Weiss, Die Predigt Jesu von Reich Gottes, Vorwort). 리츨에게 윤리는 '칭의'(Rechtfertigung)의 실천적인 현실화를 의미한다. 리츨은 '칭의'란 역사적인 예수의 도덕적인 영향력으로부터 기원하고, '화해'(Versöhnung)란 예수의 도덕적 명령을 성취해 가는 과정이라고 주장했다.

해 낸 것이 아니라, 이 세상의 종말을 염원하고 있었던 특정한 유대인 공동체의 믿음으로부터 기원한 것입니다. 이러한 종말론적인 드라마에 대한 표상은 유대 묵시문학 안에서 묘사되었습니다. 이 중에서 다니엘서는 이러한 묵시문학적인 표상을 담고 있는 가장 오래된 문서입니다. 예수는 자신의 설교에서 하나님의 통치에 대해 상세하게 묘사하지 않습니다. 이런 점에서 예수의 가르침은 유대 묵시문학의 종말론적인 드라마나 오는 세대의 복락에 대한 유대 묵시문학의 전형적인 그림언어들과는 다른 것입니다. 예수는 하나님의 통치에 관해 설교했습니다. 그는 하나님의 통치가 도래할 것이며, 사람들은 다가오는 하나님의 심판을 미리 준비해야만 한다고 선포했습니다. 예수는 하나님의 통치에 대한 자신의 메시지를 하나님나라의 도래와 하나님의 심판에 대한 준비로 제한했습니다. 다른 한편으로 예수는 자신의 동시대인들의 종말론적인 대망에 참여하고 있었습니다. 때문에 그는 자신의 제자들에게 다음과 같이 기도하라고 가르쳤습니다.

"당신의 이름이 거룩히 여김을 받으시며, 당신의 나라가 임하시며, 당신의 뜻이 하늘에서 이루어진 것 같이 땅에서도 이루어지게 하소서!"(마 6:9-10)

예수는 가까운 미래에 있을 하나님나라의 직접적이고 임박한 도래를 열망하고 기대했습니다. 자신이 행했던 표적과 기적 속에서, 그리고 특별히 귀신축출을 통해서 그 시대의 여명이 이미 나타나고 있음을 말했던 것입니다. 예수는 하나님 통치의 시작을 엄청난 우주적인 드라마로 묘사했습니다. 인자가 하늘의 구름을 타고 올 것이고, 죽은 자들이 부활할 것이며, 심판의 날이 도래할 것이라고 말입니다. 그리하여 의인들에게는 구원의 시간이 시작될 것이지만 악인들은 지옥의 고통 가운데로 넘겨지게 될 것입니다.

내가 신학공부를 시작할 당시에 신학자들과 비신학자들은 요한네스 바이스의 이론에 관해 경악을 금치 못했고, 그것으로 인해 굉장한 충격을 받았습니다. 베를린대학교에서 공부할 당시 나의 교의학 선생이었던 율리우스 카프탄(Julisus Kaftan)[3]은 다음과 같이 말했습니다.

---

3 역자 주: 율리우스 카프탄(Julius Kaftan, 1848-1926)은 에어랑겐(Erlangen) 대학교, 베를린(Berlin)대학, 키일(Kiel)대학 등에서 신학을 공부했다. 1874-1881년 바젤(Basel)대학 교수로 교의학(Dogmatik)과 윤리학(Ethik)을 가르쳤으며, 1883년 자신이 공부했던 베를린대학으로 돌아와서 당대의 유명한 '중재신학'(Vermittlungstheologie)의 - 이 신학은 이성(*ratio*)과 신앙(*fides*), 초자연주의(Supernaturalismus)와 합리주의(Rationalismus), 역사비평적인 성서연구와 계시의존신앙, 헤겔과 슐라이어마허 사이를 가교하고 중재하려는 특징을 가지고 있었는데 - 대변자 이삭 아우구스트 도르너(Isaak August Dorner, 1804-1887)의 후임자가 되었다. 그의 초기 신학은 칸트와 슐라이어마허 연구에 집중되어 있었고, 그 뒤에 알브레흐트 리츨의 신학적 감화 하에 리츨학파의 대표적인 제자가 되었다. 카프탄은 리츨과는 달리 종교에 있어서 신비 체험의 중요성을 강조했다. 이것이 카프탄에게

만약 요한네스 바이스가 옳고, 그의 말대로 하나님의 통치 사상이 실제로 종말론적이라면, 이러한 하나님의 통치에 대한 표상을 교의학에 적용하는 것은 불가능할 것입니다.

그러나 몇 년이 지나지 않아 여러 신학자들과 심지어 율리우스 카프탄조차도 요한네스 바이스가 옳았다는 사실에 대해 인정하지 않을 수 없었습니다. 아마도 나는 여기에서 바이스의 이론을 극단적으로 끌고 나갔던 알베르트 슈바이처(Albert Schweitzer)에 대해 여러분에게 주의를 환기시켜야만 할 것 같습니다. 슈바이처는 예수의 설교와 그의 자의식(Selbstbewußtsein)뿐만 아니라, 예수의 일상적인 삶은 종말론적인 기대(대망)에 의해 규정되었다고 주장했습니다. 그런데 예수의 삶을 지배했던 이러한 종말론적인 기대는 당시 팔레스타인의 모든 지역을 사로잡았던 종말론적인 교의(Dogma)에 뿌리를 두고 있었던 것입니다.

오늘날 그 누구도 하나님의 통치에 대한 예수의 표상이 종말론적이었다는 사실을 의심하는 사람은 없습니다. 적어도 유럽 신학계에서 이 사실을 의심하는 학자들은 찾아볼 수

서 발견되는 슐라이어마허의 영향이다. 카프탄은 슐라이어마허의 영향 하에 신학은 하나님에 대한 학문이 아니라 하나님을 믿는 신앙에 대한 학문이 되어야 한다고 가르쳤다. 그래서 그는 하나님에 대한 신앙으로서의 지식은 받아들였지만 하나님에 대한 학문으로서의 신학은 불가능하다고 가르쳤다(Herman Bavinck, 『개혁교의학, 제1권』 [서울: 부흥과개혁사, 2011], 76-87).

없습니다. 그리고 대체적으로 미국의 신약성서학자들도 그렇습니다. 게다가 종말론적인 기대와 희망이 신약성서에 등장하는 전체 설교의 핵심이라는 것은 언제나 너무도 명백한 사실로 간주되었습니다.

초기 그리스도교 공동체는 하나님의 통치 내지는 하나님의 나라를 예수와 동일한 의미로 이해했습니다[하나님의 통치=예수].[4] 그리고 초기 그리스도교 공동체는 하나님의 통치가 임박한 미래에 도래할 것으로 기대했습니다. 바울 또한 이 세상의 마지막이 도래하고 죽은 자들이 부활할 때, 자신이 여전히 살아 있을 것이라고 생각했습니다. 이러한 일반적인 확신은 공관복음서들 안에서 성급하고 불안하며 의심스러운 진술들에 의해 입증되며, 공관복음서보다는 다소 후대의 문서인 베드로후서에서 좀 더 명확하게 입증됩니다. 그리스도교는 하나님의 통치가 가까운 미래에 도래할 것이라는 희망을 항상 굳게 유지해 왔습니다. 비록 그 희망이 헛된 기다림일지라도 말입니다. 우리는 이러한 사실에 대해 마가복음 9:1을 인용할 수 있습니다. 이 본문은 진짜 예수의 말씀(*ipsissima vox Jesu*)은 아니라고 할지라도, 원시 그리스도교 공동체에서 일찍부터 예수의 말씀으로 간주됐던 본문입니다.

---

4   괄호 안의 내용은 독자들의 이해를 돕기 위한 역자의 첨가.

"내가 진실로 너희에게 이르노니, 여기 서 있는 사람 중에 죽기

전에 하나님의 나라가 권능으로 임하는 것을 볼 자들도 있느니

라"(막 9:1)

이 구절의 의미는 너무나 명백하지 않습니까? 예수와의
동시대 사람들이 이미 많이 죽었다고 할지라도, 하나님의 통
치가 그들 세대 가운데 도래할 것이라는 희망은 여전히 유지
되어야만 했던 것입니다.

2.

예수와 초기 그리스도교가 열망했던 종말론적 희망은 실현
되지 않았습니다. 동일한 세계가 여전히 존속하고 있었으며
역사는 계속되고 있었습니다. 역사의 계속되는 진행은 신화
를 부정해 버렸습니다. 그러므로 종말론적인 드라마가 신화
적인 것인 만큼이나 하나님의 통치에 대한 표상 또한 신화적
입니다. 하나님의 통치를 기대하기 위한 전제들은 신화적인
것입니다. 즉, 이 세계가 하나님에 의해 창조되었다고 할지라
도 이 세상이 악과 사탄에 의해 지배받고 있으며, 사탄의 군
대와 귀신들이 모든 악의 근원이며 죄와 질병의 원인이라는

이론들 또한 신화적인 것입니다. 일반적으로 신약성서에 나타나는 것처럼, 예수의 설교에서 전제가 되고 있는 전체 세계에 대한 이해는 신화적입니다. 이 세계가 3층 건물, 즉 하늘(Himmel)과 땅(Erde)과 지옥(Hölle)으로 나누어져 있다는 표상,[5] 초자연적인 세력들이 사물의 생성 과정에 개입한다는 표상, 그리고 특별히 초자연적인 세력들이 영혼의 내면적 생명 속으로 침투해 들어온다는 기적 사상, 그리고 사람들이 악마에게 유혹당해 타락할 수 있고 악한 영들에 사로잡힐 수 있다는 표상 등 이러한 표상들은 신화적인 것입니다. 따라서 우리는 이러한 세계관을 신화적인 세계관이라고 부릅니다. 왜냐하면 신화적인 세계관은 고대 헬라 시대에 처음 시작되어 눈부신 발전을 거듭해 왔으나 모든 현대인들이 받아들인 과학적인 세계관과는 다르기 때문입니다. 현대의 과학적인 세계관은 원인과 결과의 연계를 기본으로 합니다. 비록 현대 물리학 이론이 원자현상들 속에 나타나는 원인과 결과의 연쇄반응으로서 옛날 같으면 우연으로 간주되었을 사건

---

5   역자 주: 고대인들은 세계를 3층 건물과 같이 보았다. 지상에는 땅이 있고, 위층에는 하늘이 있고, 지하에는 지옥이 있다. 고대인들에 따르면 위층인 하늘에는 하나님과 하늘의 존재, 즉 천사들이 거주하는 영역이고, 맨 아래층인 지옥 곧 음부는 고통의 장소로서 사탄이 활동하는 장소이다. 그리고 가운데층인 지상, 곧 땅은 인간이 사는 공간으로서 자연적인 평범한 삶이 펼쳐지는 장소가 아니라 하나님과 그의 천사들이 활동하는 곳이며 사탄과 그의 수하들인 귀신들이 활동하는 곳으로써 양자의 세력 사이에 싸움이 벌어지는 영역이다.

들을 설명할 수 있다고 할지라도, 우리의 매일의 목적과 행동과 삶은 물리학적인 이론에 근거하고 있지 않습니다. 현대과학은 어떠한 경우에도 자연의 진행 과정이 초자연적인 세력들에 의해 파괴되거나 무력화될 수 있다고 믿지 않습니다.

이와 마찬가지로 현대의 역사 연구 또한 하나님이나 악마나 귀신들의 개입과 더불어 역사의 진행과정을 설명하는 것을 역사에 대한 올바른 해석으로 보지 않습니다. 역사 속에 인간의 의지에 영향을 주는 영적인 힘들이 존재하고 있기 때문에 역사의 과정이 자연의 과정과 다르다고 할지라도, 영적인 존재들에 대항하여 역사의 진행과정은 그 자체 안에서 하나의 깨지지 않는 전체로 간주됩니다. 모든 역사적인 사건들이 자연질서에 의해 필수불가결하게 규정되는 것이 아니며, 인간들이 자신들의 행동에 대해 책임을 져야 함에도 불구하고, 이성적인 이유나 근거 없이는 어떠한 사건도 발생하지 않습니다. 그렇지 않다면 역사의 책임을 묻는 것은 애초부터 불가능할 것입니다. 물론 현대인들 가운데도 미신을 신봉하는 사람들이 있습니다. 그러나 미신을 신봉하는 것은 예외적이거나 비정상적인 것이지 일반적인 경우는 아닙니다. 자신의 내면적인 삶과 실제의 삶이 지금 여기에서 초자연적인 세력들의 작용에 의해 파괴되지 않는 것과 마찬가지로, 현대인들은 자연과 역사의 진행과정 또한 그 어디에서도 초자연적인 세력들의 작용에 의해 파괴되지 않는다는 사실을 기반으로 자신들의 논리를 정초하고 있습니다.

그렇다면 여기서 불가피한 질문이 제기됩니다. '하나님의 통치에 대한 예수의 설교는 오늘을 사는 우리에게 어떤 의미를 가질 수 있는가?' 그리고 '신약성서 전체에 나타나는 설교는 현대인들에게도 여전히 중요할 수 있는가?' 신약성서의 설교는 예수 그리스도를 선포하는 바, 하나님의 통치에 대한 예수의 설교뿐만 아니라 처음부터 우선적으로 초기 그리스도교에 의하여 신화화되었던 예수의 인격을 선포합니다. 예수가 자기 자신에 관해 메시아, 즉 구원의 시대를 위한 왕이라고 말했는지, 하늘의 구름을 타고 오는 인자라고 믿었는지의 문제는 신약성서학자들 사이에 의견이 일치하지 않습니다. 그러나 여하튼 간에 예수는 자기 자신을 신화의 빛 가운데 이해하고 있었던 것은 틀림없는 사실인 것 같습니다. 여기에서 우리는 여러 가지 입장 가운데 한 가지 입장을 결정할 필요는 없습니다. 어쨌든 초기 그리스도교는 예수를 한 명의 신화적인 인물로 이해했습니다. 초기 그리스도교는 예수가 인자로서 하늘의 구름을 타고 다시 올 것이고, 세상의 심판자로서 구원과 심판을 가져올 것이라고 기대했습니다. 사람들이 예수가 성령으로 잉태되어 동정녀 마리아로부터 태어났다고 말했을 때, 사람들은 예수의 인격을 신화의 빛 안에서 이해하고 있었던 것입니다. 이것은 헬라 이방 그리스도교에서 더욱더 명백하게 드러났는데 헬라 이방 그리스도교에서 예수는 형이상학적인 의미에서 하나님의 아들로 이해되었고, 이 세상이 창조되기 전부터 선재(先在)하고 있었으며 우리의 구원을 위해 인간이 되시고, 자신을 십자가의 고난과 죽음으로까지 내어주셨던 위대한 천상적인 존재로 이해되었습니다. 이러한 표상들은 명백하게 신화적이며, 유대인들과 이방인들의 신화 가운데 광범위하게 유포되어 있었고, 역사적인 예수의 인격에 적용되었던 것입니다.[6] 특히 인간을 구원하기 위해 인간의 몸을 입고 이 세상으로 내려온 선재하는 하나님의 아들에 대한 표상은 영지주의 구원론의 일부이고, 이 가르침이 신화적이라는 것은 그 누구도 부정하지 못할 것입니다. 그러므로 여기에서 하나의 날카로운 질문이 제기됩니다. '예수의 설교와 신약성서 전체의 설교는 현대인들에게 어떤 의미가 있을 수 있는가?' 오늘날의 사람들에게 신화적

---

6 역자 주: 불트만은 예수의 선재, 동정녀 탄생, 부활, 승천 등이 모두 고대의 신화를 예수에게 적용한 것이라고 본다. 그리고 과학실증주의적인 세계관을 가진 현대인들이 이러한 신화를 믿기는 어렵다고 한다. 그러므로 복음서 안에서 신화적인 언어로 묘사되고 있는 예수에 대한 진술은 오늘날 과학의 시대를 살아가는 현대인들을 위해 새롭게 재해석되어야만 한다는 것이다. 그리고 이러한 신화에 대한 새로운 재해석을 위해 불트만이 사용하고자 하는 해석 내지는 주석의 방법이 다름 아닌 비신화화 이론(독일어: Entmythologisierung, 영어: Demythlologizing)이다(참조, Simon J. Kistemaker, 『현대의 복음서 연구』[서울: 엠마오, 1984], 98-99).

인 세계상, 종말, 구원자, 구원과 같은 표상은 이미 지나가버린 것이고, 그 용도가 폐기되어 버린 것들입니다. 우리가 솔직히 신약성서에 있다는 이유 때문에 사람들이 진실이라고 인정할 수 없는 내용들을 받아들이고자 '지성을 희생시키는 것'(sacrificium intellectus), 즉 그들이 이해하는 일을 포기할 것이라고 기대할 수 있을까요? 아니면 우리는 신약성서 안에서 신화적인 표상들을 포함하고 있는 본문들을 빼고 읽거나, 현대인들에게 걸림돌이 되지 않는 말씀들만 취사선택해서 읽어야 할까요? 실제로 예수의 설교가 종말론적인 가르침으로만 이루어져 있진 않습니다. 예수는 또한 하나님의 명령으로서의 하나님의 뜻, 즉 선에 대한 명령도 선포했습니다. 예수는 진리와 순결, 즉 희생과 사랑을 위한 준비를 요구했습니다. 예수는 전 인간이 하나님께 복종할 것을 요구했으며 우리가 하나님에 대한 의무를 어떤 외적인 계명을 지킴으로써 성취할 수 있다는 오류에 대항하며 투쟁했습니다. 만약 예수의 윤리적인 명령들이 현대인들에게 걸림돌이 된다면, 그것은 자신의 이기적인 의지, 즉 이기심 때문이지 자신의 오성(이성) 때문이 아닙니다.

이 모든 것의 결과는 무엇입니까? 우리는 예수의 윤리적인 설교는 보존하고 그의 종말론적인 설교는 포기해야만 할까요? 우리는 하나님의 통치에 대한 예수의 설교를 소위 사회복음이라는 것으로 대폭 축소해야만 할까요? 그렇지 않다면 제3의 가능성이 있는 것입니까? 우리는 종말론적인 설교와 신화적인 진술 전체가 신화의 껍질 아래에 감추어져서 보다 깊은 의미를 보존하고 있는지의 여부를 물어야만 합니다. 만약 우리가 그러한 작업을 효과적으로 수행하려면, 신화적인 표상들을 제거해야만 합니다. 우리는 신화의 보다 깊은 의미를 밝혀내기를 원하기 때문입니다. 신화적인 표상들의 배후에 있는 보다 깊은 의미를 드러내고자 시도하는 신약성서의 주석방법을 나는 썩 만족스러운 용어는 아니지만 '**비신화**'(Entmythologisierung)화라고 부릅니다. **비신화화의 목적은 신화적인 진술들을 제거하는 데 있는 것이 아니라 그것들을 해석(주석)하는 데 있습니다.**[7] 그러므로 비신화화는 하나의 해석방법 내지는 주석방법입니다. 우리가 신화의 의미를 일반적으로 설명하려고 할 때, 이 방법의 가치를 가장 잘 이해하게 될 것입니다.

3.

고대인들에게 있어서 신화는 기이하고, 불가사의하고, 놀랍

7　굵게 표시한 부분은 독자들의 이해를 돕기 위한 역자의 강조.

고, 공포스럽게 보이는 현상들과 사건들을 설명하기 위한 일종의 원시과학이었다고 할 수 있습니다. 고대인들은 그와 같은 현상과 사건들을 초자연적인 원인과 신들 또는 악마들에게 돌림으로서 그러한 현상과 사건들을 설명하려고 했던 것입니다. 만약 사람들이 일식과 월식을 이러한 신화적인 원인들에 귀속시켜 설명했다면, 원시과학으로서의 신화의 일부가 이러한 설명으로부터 발생하게 되는 것입니다. 그렇지만 신화는 원시과학 이상의 의미를 가지고 있습니다. 신화는 인간이 의존하고 있는 세력들, 인간이 그들의 환심을 사야만 하는 세력들, 그리고 그들의 진노를 두려워해야만 하는 세력들로서의 신들과 귀신들에 관해 말합니다. 신화는 인간이 세계와 자신의 인생에 주인이 아니며, 인간이 살고 있는 세계와 인간의 삶은 수수께끼와 신비로 가득 차있다는 통찰에 대한 표현입니다.

신화는 인간 실존에 대한 한 편의 특정한 이해의 표현입니다. 신화는 세계와 인간의 삶이 우리가 계산하거나 통제할 수 있는 모든 영역들을 초월하는 세력에 그 근거와 한계를 두고 있다고 믿습니다. 신화는 이러한 세력에 대해 불충분하고 불만족스러운 방식으로 말합니다. 왜냐하면 신화는 그 세력에 관하여 마치 세상적인 세력에 대해 말하는 것처럼 말하고 있기 때문입니다. 신화는 신들에 관해 말하는데, 신화가 말하는 신들은 눈에 보이고 이해 가능한 세계를 초월하는 세력들에 대한 표현입니다. 비록 신화가 신들에 관해 마치 초자연적인 세력을 타고난 것처럼 묘사하고, 신들에 관한 사건에 있어서 그들이 정상적이고 익숙한 질서를 파괴하는 능력을 가진 것처럼 묘사한다고 할지라도, 신화는 신들이 마치 인간인 것처럼 묘사하고, 신들의 행위가 마치 인간의 행위인 것처럼 묘사합니다. 신화는 초월적인 실재에 내재적이며 세상적인 객관성을 부여합니다. 신화는 피안적인 것(Jenseitige)을 차안적인 것(Diesseitige)으로 객관화시킵니다.

이러한 모든 것은 성서 안에서 발견되는 신화적인 표상에도 적용됩니다. 신화적인 사고에 따르면 하나님은 하늘에 살고 계십니다. 이러한 진술은 무엇을 의미할까요? 이 의미는 대단히 명백합니다. 여기에서 하나님은 세상 밖에서 세상을 초월해 계시는 분이라는 것이 한 편의 조야하고 거친 방식으로 표현되고 있는 것입니다. 인간의 사유가 초월적인 것을 추상적인 관념으로 표현할 수 없을 경우에, 인간의 사유는 자신의 의도를 공간적인 범주를 사용하여 표현합니다. 사람들은 초월적인 하나님을 공간적으로 대단히 멀리 떨어져 있는 분으로서, 세상을 초월하여 멀리 계신 분으로 표상합니다. 왜냐하면 세상 위의 세계는 인간의 삶을 밝고 행복하게 만드는 별들과 빛의 세계이기 때문입니다. 만약 신화적인 사고가

지옥의 표상을 형성시킨다면, 그것은 항상 인류를 지속적으로 괴롭히는 엄청난 세력으로서 악의 초월성이라는 관념을 묘사하기 위함입니다. 지옥과 지옥에 붙잡힌 인간들이 있는 장소는 땅 아래 어둠 속이라는 것입니다. 왜냐하면 인간은 어둠 속에서 공포와 전율을 느끼기 때문입니다.

현대인은 하늘과 지옥에 관한 이러한 신화적인 표상들을 더 이상 받아들이지 않습니다. 왜냐하면 과학적인 사고를 하는 현대인에게 있어서 우주에 '위'(oben)와 '아래'(unten)가 있다는 진술은 그 의미를 이미 상실해 버렸기 때문입니다. 그러나 하나님과 악의 초월성에 대한 관념은 오늘날까지도 여전히 의미심장합니다.

또 한 편의 다른 예는 자신들의 힘을 인간들에게 행사하려는 사탄과 악한 영들에 대한 관념입니다. 이러한 관념은 우리가 노출되어 있는 우리 바깥쪽에 존재하는 모든 악을 제외하더라도, 우리 스스로의 행위 안에서 종종 너무나 난해하고 수수께끼 같은 경험에 의존하고 있습니다. 인간들은 종종 자신의 정욕에 도취되어 더 이상 자신을 통제할 수 없으며 그 결과 상상할 수 없는 악이 인간들로부터 발생합니다. 또한 여기에서 세상의 지배자로서의 사탄에 관한 관념은 악이 세상의 도처에서 발견된다는 것을 명시적으로 묘사하고 있습니다. 뿐만 아니라 사탄에 대한 관념은 모든 개별적인 악은 결국 인간의 행위로부터 자라나며, 인간을 압도하여 하나의 영적인 분위기를 형성하는 유일한 세력이 존재한다는 것을 명시적으로 묘사하는 한 편의 깊은 통찰입니다. 우리 죄의 결과들과 영향들은 우리를 지배하는 세력입니다. 그리고 우리는 그 세력으로부터 벗어날 수 없습니다. 특별히 우리 시대에 - 비록 우리가 오늘날 더 이상 신화적으로 사고하지 않는다고 할지라도 - 종종 우리는 역사를 지배하고, 정치적이고 사회적인 삶을 망가뜨리는 악마적인 세력들에 관해 말합니다. 물론 이러한 언어는 은유적인 것입니다. 즉, 한 편의 그림언어인 것입니다. 그러나 이러한 그림언어는, 악이라는 것은 각 개인이 책임져야 함에도 불구하고 특이하고 기괴한 방식으로 인간 사회의 각각의 구성원을 노예로 만드는 세력(힘)이라는 통찰과 인식을 우리에게 알려줍니다.

여기에서 지금 우리에게 다음과 같은 질문이 제기됩니다. '우리가 예수의 메시지와 초기 그리스도교의 설교를 비신화화하는 것이 가능한가?' 종말에 대한 믿음으로부터 이러한 신앙이 형성되었기 때문에 우선은 다음과 같은 질문을 제기할 수 있습니다. '도대체 종말론은 어떤 의미를 가지고 있는가?'

Ⅱ   신화적 종말론의
해석

Jesus Christus und
die Mythologie

1.

전통적인 신학언어에서 '종말론'이란 '마지막 일들에 관한 교리'입니다. 여기에서 '마지막'이란 시간적으로 마지막 일들을 의미합니다. 그것은 미래가 마치 우리 현재의 면전, 즉 코앞에 서 있는 것과 같이 임박해 있는 세상의 종말을 의미합니다. 그러나 예언자들과 예수의 설교에서 이러한 '마지막', 즉 종말은 보다 더 넓은 의미를 가지고 있습니다. 하늘에 관한 표상에서 하나님의 초월성이 공간적인 표현 수단을 통해 묘사되는 것처럼, 세상의 종말에 관한 표상에서 하나님의 초월성은 시간적인 표현수단을 통해 묘사됩니다. 물론 이러한 표현수단들은 단지 하나님의 초월성만을 나타내는 사상이 아닙니다. 이러한 표현수단들은 결코 알려진 현상으로 현존하지 않으시는 하나님, 그리고 알려지지 않은 미래가 감추고 있는 항상 오고 계시는 하나님에 대한 의미를 표현하는 사상이기도 합니다. 종말론적인 설교는 현재의 시간을 미래의 빛 안에서 조명해 주며 사람들에게 지금의 세계, 자연과 역사의 세계, 우리가 살아가고 있고 계획을 수행하는 세계만이 유일한 세계가 아니라는 사실을 보여줍니다. 우리가 살아가는 세계는 시간적인 것이고 그러기에 지나가 버리는 것입니다. 그리고 이러한 세계는 영원(Ewigkeit)에 직면했을 경우, 결국은 무상한 것이며 비실재적인 것이 됩니다.

종말에 대한 이러한 이해는 단지 신화적인 종말론에서만 발견되는 것이 아닙니다. 셰익스피어(William Shakespeare, 1564-1616)는 다음과 같은 웅장한 표현 속에서 그와 같은 지식을 피력했습니다.

구름처럼 높은 탑들, 호화로운 궁전들,
숭고하고 거룩한 성전들, 거대한 행성들,
그렇다, 그가 간직한 모든 것은 소멸되어야만 한다.
그리고 비어있는 야외무대가 빛을 잃는 것처럼,
흔적도 없이 사라져야만 한다.
우리는 꿈과 같이 되어버릴 물질로부터 왔다.

우리의 작은 삶을 잠이 감싸고 있다.

(Der Sturm, 4,1)

이러한 사상은 예언자들과 예수의 종말론을 공유하지 않았던 헬라인들 사이에서도 잘 알려져 있었던 동일한 세계이해였습니다. 판다로스(Pindar, B.C. 522-443[?])[8]의 찬가로부터 한 구절 인용해 보겠습니다.

하루살이 같은 존재들?

존재란 무엇인가? 비존재란 무엇인가?

인간이란 그림자가 꾸는 꿈에 불과한 것이거늘

(Pythische Oden 8, 95-96)

또한 소포클레스로부터 인용해 봅시다.

아아, 슬프도다! 죽어야만 하는 인생을

살아가는 우리, 우리의 존재란

환영이 아니면 허무한 그림자가 아니던가!

(Ajax, 124-126)

---

8   역자 주: 판다로스(Πάνδαρος)는 그리스 신화에 나오는 트로이 전쟁에서 헬라 연합군에 대항하는 트로이군의 장수 중 한 명으로 뛰어난 궁수(弓手)였다.

인생의 한계를 인식함으로써 인간은 '교만'해지는 것을 주의하게 되고 '성찰'과 '경외심'을 갖게 됩니다. '과도함 속에는 어떤 것도 존재하지 않으며', '강한 것을 자랑하지 말지니라' 이것들은 고대 헬라의 격언들입니다. 고대 헬라의 비극 작품들은 인간의 운명을 묘사할 때 이러한 격언들이 진리임을 보여줍니다. 아이스킬로스(Aischylos, B.C. 525-456)[9]에 따르면 우리는 플라타이아이 전투(Schlacht von Plataea, B.C. 479)[10]에서 패배한 병사들로부터 다음과 같은 것을 배워야만 합니다.

인간은 지나치게 추구해서는 안 된다.

왜냐하면 지나친 추구는 오만을 낳고,

오만은 한번 불붙으면 온 들판에 무성하게 퍼지기 때문이다.

화로 인해 눈물 흘리리라.

추수한 곡식을 빼앗기리라.

그대들, 무거운 죄와 형벌을 받을 자들아

아테네와 헬라를 생각하고,

---

9   역자 주: 아이스킬로스(Αἰσχύλος, B.C. 525/524-456/455)는 고대 헬라의 대표적인 비극 작가 가운데 한 명이다. 그는 80여 편의 비극 작품을 썼지만, 현재 전해지는 것은 7편의 작품과 여러 편의 단편 등이다.

10   역자 주: 플라타이아이 전투는 페르시아 제국의 황제 크세르크세스 1세가 살라미스 해전에서 패배한 후 전열을 가다듬어 다시 헬라 연합군과 싸운 전투이다. 이 전투에서 스파르타, 코린트, 아테네 등 헬라 연합군이 페르시아군을 격파하고 압승을 거두었다.

자기 자신의 운명을 대수롭지 않게 여기며,

본질적이지 못한 것을 추구하여

고귀한 행복을 파괴하는 자가 되지 말지어다.

제우스(Zeus)는 지나치게 교만한 자를 징벌하시는 분이시며,

냉혹하게 심판하시는 분이시다.

(Perser, 830-828)

또한 소포클레스(Sophokles)[11]의 비극 『아약스』(Ajax)에서 아테네(Athene)는 정신착란에 걸린 아약스에게 다음과 같이 말합니다.

그대가 이 광경들을 살펴보았으면,

신에 대항하여 무례한 말로 우쭐되지 말라.

그대의 벗들에게 그대를 높일 수 있는

권세가 있음을 자랑하지 말며,

그대의 엄청난 부도 자랑하지 말라.

인간이란 것이 도대체 무엇인가?

그러나 신들은 겸손을 사랑하고 악을 미워하신다.

(Ajax, 127-133)

---

11   역자 주: 소포클레스(Σοφοκλῆς, B.C. 497-406)는 고대 그리스 아테네의 비극 작가이다. 그는 아이스킬로스와 에우리피데스(Εὐριπίδης, B.C. 480[?]-406)와 함께 그리스의 3대 비극 작가로 꼽힌다.

2.

미래에 직면하는, 현재의 불안정성에 대한 인간의 일반적인 이해는 종말론적인 사고 속에서 표현됩니다. 그리고 이러한 사실이 확실하다면, 우리는 다음과 같이 질문해야 합니다. '종말에 대한 헬라적인 이해와 성서적인 이해 사이에는 어떤 차이점이 존재하는가?' 헬라인들은 자신들의 '운명' 안에서 피안(영원)에 살고 있는 신들이 세계 속에서 발휘하는 힘, 즉 그들의 세계내적인 힘을 발견했는데 그 힘과 비교해 볼 때 인간의 일들은 무의미할 뿐입니다. 헬라인들은 시간의 끝에 나타나는 우주적인 사건으로서의 종말에 대한 신화적인 관점을 가지고 있지 않습니다. 그리고 우리는 헬라적인 사상이 성서의 관점보다 현대인들의 사고와 훨씬 유사하다고 말할 수 있습니다. 왜냐하면 현대인들에게 신화적인 종말론은 이미 지나가버린 케케묵은 것이기 때문입니다.

어쩌면 성서적인 종말론이 다시 되살아날지도 모릅니다. 그러나 성서적 종말론은 고대의 신화적인 종말론의 형태로 다시 되살아나는 것이 아니라 현대의 기술, 특별히 과학과 기술에 대한 인간의 남용으로 인해 지구의 파멸을 가져올 수 있는 원자물리학의 무서운 전망으로부터 다시 되살아날 수 있습니다. 우리가 이러한 가능성을 심사숙고한다면, 당시에 직접적으로 임박해 있는 세상의 파국에 대한 종말론적인 설교를 통해 야기되었던 전율과 공포를 느낄 수 있을 것입니다. 이러한 종말론적인 설교는 확실히 오늘날의 사고로는 더 이상 이해될 수 없는 고대의 사고방식 안에서 발전된 것입니다. 그럼에도 불구하고 이러한 종말론적인 사고방식들은 우리에게 임박해 있는 세상의 유한성과 마지막 종말에 관한 지식을 표현하고 있습니다. 왜냐하면 우리 모두는 유한한 세계 속에 살고 있기 때문입니다. 우리는 대게 이러한 관점에 대해서 어두운 안목을 가지고 있고, 이러한 통찰을 쉽게 무시하는 경향이 있습니다. 그러나 오늘날의 기술은 이러한 관점을 밝히 드러내 보여주고 있습니다. 곧, 이러한 관점의 긴급성은 무엇 때문에 예수가 구약성서의 예언자들처럼 직접적으로 임박한 미래에 있을 세상의 종말을 고대했는지를 설명해 줍니다. 예수는 긴박감 가운데서 하나님의 존엄과 그의 심판의 불가피성을 느꼈습니다. 그리고 그것과 더불어 그는 세상과 인간의 무상성을 느꼈던 것입니다. 세상의 종말이 임박해 있고, 위기의 시간이 몰아닥치고 있다는 것입니다. 예수는 종말론적인 사건들을 지적함으로써 하나님의 뜻과 인간의 책임을 선포했습니다. 그러나 예수는 한 사람의 종말론자였기 때문에 하나님의 뜻을 선포한 것이 아닙니다. 오히려 예수가 하나님의 뜻을 선포했기 때문에 한 사람의 종말론자였던 것입니다.

지금 우리는 알려지지 않은 미지의 미래에 직면하여 인간 상황에 대한 성서적인 이해와 헬라적인 이해 사이의 차이점을 보다 밝은 빛 안에서 인식할 수 있게 되었습니다. 예언자들과 예수의 사상 속에서 하나님의 본질은 그의 전능성 이상을 포함하고 있습니다. 하나님의 심판은 오만과 교만으로 그를 모독하는 자에게만 임하는 것이 아닙니다. 예언자들과 예수에게 있어서 하나님은 거룩하신 분이시고, 정의로운 분이시며, 정의를 요구하시는 분이시며, 그러기에 모든 인간의 생각과 행위의 심판자이십니다. 세상은 지나가버리는 것이기 때문에 무상할 뿐만 아니라 인간이 이 세상을 악이 관영하고, 죄가 지배하는 장소로 바꾸어 놓았기 때문에 또한 무상한 것입니다. 그러므로 세상의 마지막에 하나님의 심판이 있을 것입니다. 즉, 종말론적인 설교는 인간 상황의 무상함을 깨닫게 해주며, 헬라인들에게 그랬던 것처럼 인간들에게 절제와 겸손과 체념을 촉구할 뿐만 아니라 무엇보다 우선적으로 인간들에게 하나님을 향한 책임과 참회를 촉구합니다. 종말론적인 설교는 인간들에게 하나님의 뜻을 행할 것을 촉구합니다. 그러므로 예수의 종말론적인 설교와 유대 묵시문학 사이의 차이점이 여기에서 명백하게 드러납니다. 유대 묵시문학에서 엄중하게 주장했던 미래의 복락에 대한 수많은 그림언어들이 예수의 설교에는 나타나지 않습니다.

우리가 또한 이러한 맥락 안에서 성서의 사상과 헬라 사상 사이의 차이점을 보다 철저히 연구하지 못하더라도, 우리는 한 분 거룩하신 하나님의 인격, 하나님과 인간 사이의 인격적인 관계 그리고 세상의 창조주로서의 하나님에 대한 성서의 신앙과 관련하여 하나의 중요한 지점을 깊이 고찰해야만 합니다. 종말론적인 설교는 임박한 세상의 종말을 최후의 심판으로서 선포할 뿐만 아니라 심판으로부터의 구출과 영원한 구원의 시대의 시작으로 선포합니다. 세상의 종말은 부정적인 의미뿐만 아니라 긍정적인 의미를 함께 가지고 있습니다. 비신화화적인 언어들을 사용함에 있어, 초월적인 하나님의 권능에 대립되는 세상과 인간의 유한성은 한 편의 경고 뿐만 아니라 한 편의 위로 또한 포함하고 있습니다. 고대 헬라인들 역시 세상과 세상 일들의 무상성에 대해 이러한 방식으로 말하고 있을까요? 나는 이러한 음성을 에우리피데스(Euripides)[12]의 질문에서 들을 수 있다고 생각합니다.

그러나 누가 아는가?

사는 것이 진실로 죽음인지 아닌지

---

12   역자 주: 에우리피데스(Ευριπίδης, B.C. 약 480이전-406)는 아이스킬로스, 소포클레스와 함께 고대 아테네의 3대 비극 시인 가운데 한 명이다. 오늘날 그가 쓴 18편의 비극이 남아 있다. 지혜와 자유와 인간에 대한 사랑을 강조한 그의 작품은 근세 유럽 비극 문학에 큰 영향을 주었다.

누가 아는가?

죽는 것이 사는 것인지

(Fragment 639 ed. Nauck)

플라톤(Plato)의 보도에 따르면 소크라테스(Sokrates)는 재판관 앞에서 했던 자신의 최후의 진술에서 다음과 같이 말합니다.

그럼에도 불구하고

우리가 떠나야만 하는 시간이 다가오고 있다.

나는 죽기 위하여 가고, 그대들은 살기 위하여 간다.

그러나 우리 중 누가 더 잘 살다가 가는지는

모두에게 감추어져 있으며,

그것은 오직 신만이 아신다.

(Apologie 42a)

유사한 어조로 소크라테스는 다음과 같이 말합니다.

이것이 정녕 그러하다면 … 분명 주목해야만 한다.

만약 영혼이 불멸하는 것이라면,

우리가 삶이라고 부르는 이 세대뿐만 아니라

모든 세대를 위해서 영혼에 대한 배려가 필요하다.

(Phaidon 107c)

우리는 무엇보다도 다음과 같은 유명한 격언을 생각해 볼
필요가 있습니다.

죽음을 깊이 숙고하라.

(Phaidon 67e)

플라톤에 따르면 이것은 철학자들이 삶을 대하는 독특한
태도입니다. 플라톤과 그를 따르는 헬라 철학의 전통에서 죽
음은 육체로부터의 영혼의 분리를 의미합니다. 사람이 살아
있는 동안에 사람의 영혼은 육체와 그 육체의 필요들에 예
속됩니다. 철학자는 가능한 한 살아있는 동안에 육체의 예속
으로부터 자신의 영혼을 자유롭게 하기를 원합니다. 왜냐하
면 육체는 영혼을 교란시키며 영혼이 진리에 도달하는 것을
방해하기 때문입니다. 철학자는 순결함을 추구합니다. 즉, 육
체로부터의 영혼의 해방을 추구합니다. 그러기에 철학자는
'죽음에 대해 항상 생각'합니다. 만약 우리가 사후의 삶에 대
한 플라톤적인 희망을 종말론이라고 부를 수 있다면, 사후의
삶에 대한 그리스도교적인 종말론과 플라톤적인 종말론, 이

양자는 모두 구원을 열망하고 있다는 것과 그러한 구원을 자유라고 부를 수 있다는 점에서 양자 간에 일치점이 있습니다. 플라톤에게 있어서 이러한 자유는 몸으로부터의 영혼의 자유, 즉 존재의 실재인 진리를 인식할 수 있는 정신의 자유를 의미합니다. 그리고 헬라 사상에서 '실재의 영역'은 '아름다움의 영역'임이 자명합니다. 플라톤에 따르면 사람들은 이러한 초월적인 구원을 부정적이고 추상적인 표현뿐만 아니라 긍정적인 표현들로도 묘사할 수 있습니다. 왜냐하면 초월적인 영역이야말로 진리의 영역이기 때문입니다. 진리는 대화를 통해서 발견되고 드러나기 때문에 플라톤은 초월의 영역을 대화를 통해서 적극적으로 표현할 수 있었습니다. 소크라테스는 차안(현실)에서 시험과 탐구로 인생을 보내는 것처럼 피안(영원)에서도 시험과 탐구로 인생을 보낼 수 있다면, 그것이야말로 가장 좋을 것이라고 말합니다.

> 한 사람이 다른 많은 사람들의 이름을 부를 수 있고,
>
> 그곳에서(피안에서) 만나서 대화하고 자유분방하게 어울리며
>
> 서로 궁금한 것을 질문하는 남자들과 여자들,
>
> 그들은 말로 표현할 수 없는 행복을
>
> 누리고 있는 것이 아니겠는가!
>
> (Apologie 41c)

그리스도교 사상에서 자유란 진리를 인식하는 것으로만 만족하는 하나의 정신적 자유가 아닙니다. 그것은 진정 자기 자신이 되고자 하는 인간의 자유입니다. 성서가 증언하는 자유는 죄로부터의 자유, 타락으로부터의 자유입니다. 또한 바울이 말한 것처럼 육체로부터의 자유이며, 옛 아담으로부터의(옛 자아로부터의) 자유입니다. 왜냐하면 하나님은 거룩하신 분이시기 때문입니다. 그러므로 구원이란 하나님의 심판으로 말미암아 은총과 정의에 도달하는 것을 의미합니다. 게다가 플라톤의 향연에서 발견되는 영광스러운 잔치와 같은 상징적인 그림언어들이나 요한계시록에서 발견되는 그러한 그림언어들을 배제한다면, 그 누구도 의롭다고 인정받은 자들의 형언할 수 없는 구원을 완전하게 그려낼 수 없습니다. 바울에 따르면 "하나님의 나라는 먹거나 마시는 일이 아니라 성령 안에서 누리는 정의와 평화와 기쁨입니다"(롬 14:17). 그리고 예수는 말합니다. "사람이 죽은 자 가운데서 살아날 때에는 장가도 아니 가고, 시집도 아니 가고 하늘에 있는 천사들과 같으니라"(막 12:25). 그러므로 육체적인 몸이 영적인 몸으로 변하게 될 것입니다. 우리가 전적으로 확신하거니와 우리의 불완전한 지식은 완전한 지식이 될 것입니다. 그리고 우리는 바울이 말한 바대로 얼굴과 얼굴을 마주하여 분명하게 보게 될 것입니다(고전 13:9-12). 그러나 이러한 성서적인 지식은 어떤 경우에도 헬라적인 의미에서 진리에 대한 지식이 아니고, 예수께서 마음이 청결한 자는 하나님을 볼 것이라고 약속하신 것처럼(마 5:8) 하나님과의 온전한 관계(사귐)를 통한 지식인 것입니다.

만약 우리가 여기서 그 이상의 어떤 것을 말할 수 있다면 하나님의 행위는 그의 영광 중에 성취될 것이라는 점입니다. 그러므로 오늘날 하나님의 교회는 변화된 삶(빌 1:11)과 감사의 말(고후 1:20; 4:15; 롬 15:6이하)로 하나님을 송축하고 찬양하는 일 외에 달리 어떤 의도도 가져서는 안 됩니다. 그러므로 완성될 미래의 교회는 찬양과 감사의 노래를 부르는 예배 공동체 외에 다른 어떤 공동체로도 그려질 수 없습니다. 우리는 요한계시록에서 이러한 공동체의 실례들을 보게 됩니다. 철학적인 대화로 묘사되는 플라톤의 구원의 표상과 예배로 묘사되는 그리스도교의 구원의 표상, 다시 말하면 초월적인 구원의 표상으로서의 이 둘은 분명 신화적입니다. 각각의 표상은, 인간이 참되고 진정한 본질에 도달하고자 하는 세계로서의 초월적인 세계에 대해 말하고 싶어 합니다. 그러나 이러한 표상의 본질은 이 세상에서 단지 불완전하게 실현될 수밖에 없습니다. 그럼에도 불구하고 이러한 표상은 세상 속에서 인간의 삶을 추구와 갈망과 동경의 삶으로 규정합니다. 플라톤적인 표상과 그리스도교적인 표상 사이의 차이는 인간의 본성에 관한 서로 다른 관점들로부터 기인한 것입니다. 플라톤은 '정신의 나라'를 시간이 존재하지 않는 나라, 역사가 존재하지 않는 나라로 보았습니다. 왜냐하면 플라톤은 인간의 본성을 시간과 역사에 예속된 것으로 보지 않았기 때문입니다. 인간에 관한 그리스도교적인 표상이 말하고자 하는 것은 인간의 본질이 시간내적인 존재라는 것입니다. 이 말은 인간이 역사적인 존재라는 것을 의미합니다. 역사적 존재로서의 인간은 자신의 성격이나 특징을 형성시키는 과거와 항상 자신에게 새로운 만남을 불러일으키는 미래와 더불어 존재한다는 것을 의미합니다. 그러므로 사후의 미래와 이 세상의 피안(영원)으로서의 미래는 전적으로 새로운 하나의 미래입니다. 이 미래는 질적으로 완전히 다릅니다(*totaliter aliter*). 이러한 미래에는 '새 하늘과 새 땅'(계 21:1; 벧후 3:13)이 존재합니다. 다가올 미래의 예루살렘(Jerusalem)을 보는 자는 한 음성을 듣게 됩니다. "보라, 내가 만물을 새롭게 하노라!"(계 21:5). 바울과 요한은 이러한 새로움을 이미 선취하고 있습니다. 바울은 "누구든지 그리스도 안에 있으면 새로운 피조물입니다. 옛 것은 지나갔습니다. 보십시오, 새 것이 되었습니다"(고후 5:17)라고 말합니다. 요한도 "나는 여러분에게 하나의 새 계명을 써서 보냅니다. 이 계명은 그에게도 여러분에게도 참된 것입니다. 어둠이 지나가고 참 빛이 이미 비치

고 있기 때문입니다"(요일 2:8)라고 말합니다. 그러나 그 새로
움은 눈에 보이는 것이 아닙니다. 우리의 새로운 삶은 "그리
스도와 함께 하나님 안에 감추어져 있기 때문입니다"(골 3:3).
"우리가 장래에 어떻게 될지는 아직 나타나지 않았습니다"(요
일 3:2). 알려지지 않은 미지의 미래는 하나의 확실할 방식으
로 신자들의 거룩함과 사랑 안에서 현존합니다. 그리고 거룩
함과 사랑은 생명을 부여하는 성령과 교회의 예배 가운데서
살아가는 신자들의 특징이라고 할 수 있습니다. 우리는 상징
적인 그림언어를 사용하지 않고서는 이러한 미래를 도저히
묘사할 수 없습니다.

> "우리는 소망으로 구원을 받았습니다. 눈에 보이는 소망은 소망
> 이 아닙니다. 보이는 것을 어떻게 소망할 수 있겠습니까? 만약
> 우리가 보지 못하는 것을 소망한다면, 인내함으로 기다려야만
> 합니다"(롬 8:24-25)

그러므로 우리는 이러한 희망(소망) 또는 믿음(신앙)을 장차
하나님이 주실 알려지지 않은 미지의 미래를 준비하기 위한
주춧돌이라고 부를 수 있습니다. 간략하게 말하자면 우리가
미지의 미래를 준비한다는 것은 죽음과 어둠에 직면하여 하
나님의 미래에 대해 우리를 개방시키는 것을 의미합니다.

이것이야말로 예수가 행한 신화적 설교의 깊은 의미입니다. 그것은 실제로 임박해 있는 하나님의 미래에 우리 각자를 개방하는 것이며, 예기치 못한 밤중에 도적과 같이 올 수 있는 하나님의 미래에 대해 준비하는 것입니다. 왜냐하면 이러한 미래는 세상에 스스로가 속박되어 자유롭지 못하고, 하나님의 미래에 대해 자신을 개방하지 못하고 있는 모든 인간들에 대한 심판이기 때문입니다.

3.

예수의 종말론적인 설교는 초기 그리스도교 공동체에 의해 신화적인 형식으로 보존되고 전수되었습니다. 그러나 이미 초기부터 비신화화의 과정이 시작되었는데 바울에게 있어서는 부분적으로 나타나고, 요한에게서는 급격하게 나타납니다. 바울은 낡은 세계로부터 새로운 세계로의 전환점을 미래에서 찾지 않고 예수 그리스도의 오심에서 찾음으로써 비신화화를 향한 결정적인 행보를 옮겼습니다.

"때가 찼을 때 하나님께서는 그의 아들을 보내셨습니다"(갈 4:4)

바울은 여전히 세상의 종말을 한 편의 우주적인 드라마로 이해합니다. 즉, 그는 세상의 종말을 하늘의 구름을 타고 나타날 그리스도의 '파루시아'(재림), 죽은 자들의 부활, 임박한 심판으로 기대했습니다. 그러나 그리스도의 부활과 함께 이미 결정적인 사건이 일어났습니다. 교회는 선택받은 자들, 즉 이미 의롭다고 인정을 받고 살아가는 성도들의 종말론적인 공동체입니다. 왜냐하면 교회 공동체는 두 번째 아담으로 죽음을 극복하시고 복음을 통해 빛 가운데서 생명과 불멸을 가져다주신 그리스도 안에 있기 때문입니다(롬 5:12-14; 딤전 1:10). 바울은 "죽음이 승리에 삼키운바 되었습니다"(고전 15:54)라고 말합니다. 그러므로 바울은 복음이 선포될 때, 예언자들의 기대와 약속이 성취되었다고 말할 수 있었습니다. "보십시오, 지금이 은혜의 때이며(사 49:8), 지금이 바로 구원의 날입니다"(고후 6:2). 은혜의 때에 선물로 주어지기로 기대하고 있었던 성령이 이미 교회 공동체에 주어졌습니다. 여기에서 미래는 미리 앞당겨 성취되고 있습니다.

우리는 이러한 비신화화를 하나의 특수한 예에서 확인할 수 있습니다. 유대의 묵시문학적인 기대 안에서 메시아의 나라에 대한 기대는 한 편의 역할을 수행했습니다. 메시아의 나라는 '옛 세계'(ουτος ο αιων)와 '새로운 세계'(ο μελλων αιων) 사이의 '중간통치'(Interregnum)를 의미한다고 할 수 있습니다.

바울은 메시아적 중간통치의 이러한 묵시문학적이고 신화적인 표상을 ─ 그리스도의 통치 마지막에는 그리스도께서 자신의 통치권을 하나님 아버지에게 넘겨주실 것인데 ─ 그리스도의 부활과 그의 임박한 파루시아(재림, 고전 15:24) 사이에 있는 현재적 시간으로 해석합니다. 즉, 복음이 설교되는 현재적 시간은 실제로 이전에 기대했던 메시아의 왕국, 즉 메시아의 통치의 때라는 것입니다. 예수는 지금 여기에서 메시아이시며, 주님이십니다.

바울 이후에 요한은 보다 급진적인 방식으로 종말론을 비신화화합니다. 요한에게 있어서 예수의 오심과 떠나심은 종말론적인 사건입니다.

"심판은 이것입니다. 빛이 세상에 왔지만 사람들은 자기들의 행실이 악하여 빛보다 어두움을 더 사랑한 것입니다"(요 3:19)

"이제 이 세상에 대한 심판이 이르렀습니다. 이 세상의 지도자는 쫓겨나게 될 것입니다"(요 12:31)

요한에게 있어서 예수의 부활, 성령강림 그리고 파루시아(재림)는 유일한 단회적인 사건이며 그것을 믿는 사람들은 이미 지금 영원한 생명을 얻은 것입니다.

"그를 믿는 자는 심판을 받지 아니하는 것이요, 믿지 아니하는 자는 이미 심판을 받은 것입니다"(요 3:18)

"아들을 믿는 자는 영원한 생명을 얻습니다. 아들을 믿지 않는 자는 생명을 얻지 못하고, 하나님의 진노가 그에게 머물러 있습니다"(요 3:36)

"내가 진실로 진실로 너희에게 말한다. 때가 오면 죽은 이들이 하나님의 아들의 음성을 들을 것이며, 그 음성을 들은 이들은 살아날 터인데 바로 지금이 이때이다"(요 5:25)

"나는 부활이요 생명이니 나를 믿는 자는 죽어도 살겠고, 살아서 믿는 자는 영원히 죽지 아니하리라"(요 11:25이하)

하나의 특별한 실례에서 우리는 바울과 마찬가지로 요한에게서도 비신화화 작업을 계속해서 확인할 수 있습니다. 데살로니가후서 2:7-12이 묘사하고 있는 것처럼 유대의 종말론적인 기대 안에서 우리는 완전한 신화적인 모습의 적그리스도를 발견합니다. 요한에게 있어서 거짓 교사들은 이러한 신화적인 인물의 역할을 수행합니다. 신화가 역사로 번역되었습니다. 이러한 예는 비신화화가 신약성서 자체 안에 그 기원을 두고 있으며, 그로 인해 오늘날 비신화화에 대한 우리의 과업은 정당하다는 사실을 보여줍니다.

그리스도교 메시지와
현대의 세계관

Jesus Christus und
die Mythologie

1.

비신화화를 시도하는 것에 대해 우리가 종종 듣게 되는 이의 제기가 있습니다. 그것은 비신화화가 성서와 그리스도교 메시지를 해석하는 기준으로서 현대적인 세계관을 수용하고 있다는 것입니다. 그리고 성서와 그리스도교 메시지는 현대의 세계관과 모순되는 그 어떠한 것도 말하지 않는다는 것입니다.

물론 비신화화에 있어서 우리가 해석의 기준으로 현대적 세계관을 사용하고 있는 것은 자명한 사실입니다. 그럼에도 불구하고 비신화화 작업을 한다는 것은 성서 또는 그리스도교 메시지의 전체를 배격하는 데 있는 것이 아닙니다. 비신화화 작업의 의도는 종종 그리스도교 교의학과 교회의 설교에 잔존하고 있는 지나가버린 시대의 낡은 세계관을 제거해 버리는 데 있습니다. 비신화화 작업이란 낡아버린 옛 세계관에 묶여있는 성서와 교회의 메시지를 거절하는 것을 의미합니다. 비신화화를 시도한다는 것은 이러한 중요한 통찰과 더불어 시작합니다. 그리스도교의 설교가 하나님의 명령과 그의 이름 안에서 주어지는 하나님의 말씀에 대한 설교인 한, 그러한 설교는 우리가 이성을 통해서 받아들일 수 있거나 또는 지성의 희생(*sacrificium intellectus*)을 통해서 받아들일 수 있는 하나의 교리를 제공해 주는 것이 아닙니다. 그리스도교의 설교는 '케리그마'(Kerygma)[13], 곧 선포입니다. 그리스도교의 설교는 이론이성, 즉 오성을 향한 것이 아니라 한 개체적인 자아로서의 청중을 향한 한 편의 선포입니다. 그러므로 바울은 하나님 앞에서 모든 사람의 양심으로 자기 자신을 추천합니다.

"우리는 부끄러워서 드러내지 못할 일들을 배격하였습니다. 우리는 간교하게 행하지도 않고, 하나님의 말씀을 왜곡하지도 않습니다. 우리는 진리를 환히 드러냄으로써, 하나님 앞에서 모든

---

13   역자 주: 헬라어 케리그마는 우리말로 번역하면 통상 '선포'로 번역되는 말이다. 케리그마는 헬라어 '케뤼쏘'(κηρύσσω)에서 유래한 말인데, 통치자가 자신이 보낸 사자를 통해서 백성들에게 전하는 '명령' 또는 '선포'를 의미한다.

사람의 양심에 우리 자신을 떳떳하게 내세웁니다"(고후 4:2)

비신화화는 한 편의 인격적인 메시지로서의 설교의 과제를 명확하게 수행하는 목표를 지향합니다. 비신화화가 그와 같은 과제를 수행함으로써, 비신화화는 거짓된 걸림돌을 제거하고 비신화화의 관점에서 참된 걸림돌인 '십자가의 말씀'(verbum crucis)을 우리에게 가져다줍니다. 성서의 세계관은 신화적입니다. 그러므로 성서의 세계관은 자연과학에 의해 자신들의 사고가 형성되어 더 이상 신화적이지 않은 현대인에게 받아들여지기가 어렵습니다. 현대인들은 항상 자연과학의 결실이라고 할 수 있는 기술적인 수단을 사용합니다. 현대인은 아플 경우 의사에게 가고 의학을 자신의 도피처로 삼습니다. 경제적인 문제나 정치적인 문제가 발생하면 심리학, 경제학 그리고 정치학의 연구 결과를 사용하여 그 문제를 해결하려고 하지, 그 누구도 초월적인 세력들의 직접적인 개입을 염두하지 않습니다.

물론 오늘날에도 원시적인 사고와 미신으로부터 죽지 않고 살아남은 몇 가지 요소들이 있고, 이것들을 새롭게 재생시키려는 경향도 있습니다. 그러나 만약 교회의 설교가 그것들을 재생하고 그것들에 경도되어 버린다면, 돌이킬 수 없는 치명적인 실수를 범하게 되는 것입니다. 우리는 현대 문학에서 즉, 토마스 만(Thomas Mann), 에른스트 윙어(Ernst Jünger), 토론톤 와일드(Thornton Wilder), 어니스트 헤밍웨이(Ernest Hemingway), 윌리엄 포크너(William Faulkner), 그래함 그린(Graham Green), 알베르 카뮈(Albert Camus)의 소설이나 장-폴 사르트르(Jean-Paul Sartre)와 장 아누이(Jean Anouilh) 등의 희곡 작품에서 인간 본성에 대한 예리한 분석을 읽을 수 있습니다. 우리가 늘 마주하는 신문 기사와 관련해서도 간단하게 생각해 봅시다. 여러분은 신문지면의 어디에선가 정치적이고, 사회적이거나 경제적인 사건들이 하나님이나 천사들이나 악마와 같은 초자연적인 세력들에 의해 좌우된다고 쓴 기사를 읽어본 적이 있습니까? 세계 속에서 발생하는 정치적이고 사회적인 사건들은 항상 자연적인 세력들에 귀속되거나, 인간의 선한 의지나 악한 의지 아니면 인간의 총명함 또는 어리석음에 귀속될 뿐입니다.

오늘날의 과학은 19세기의 과학과는 더 이상 같지 않습니다. 그리고 과학의 모든 결과들은 분명 상대적입니다. 어제나 오늘이나 내일의 어떤 세계관도 최종적이지 않습니다. 그럼에도 불구하고 중요한 것은 과학적인 연구의 구체적인 결과와 세계관에 대한 내용들이 아닙니다. 중요한 것은 세계관들을 성립시키는 사유의 방식입니다. 예를 들어 지구가 태양 주위를 돌고 있느냐, 아니면 태양이 지구 주위를 돌고 있느냐 하는 것은 어떤 원리적인 차이가 아닙니다. 그것은 현대인들이 우주의 운동을 하나의 우주법칙에 따른 운동으로, 즉 인간의 이성이 발견할 수 있는 자연법칙에 따른 운동으로 이해하고 있다는 것을 의미합니다. 그러므로 인간은 이러한 현상들 또는 사건들을 우주의 합리적인 질서 안에서 파악되는 실제로서 인정할 뿐입니다. 현대인은 기적을 인정하지 않습니다. 왜냐하면 기적은 우주의 법질서 안에서 발생할 수 있는 사건이 아니기 때문입니다. 어떤 기이한 사건과 기적적인 사건이 발생했을 때, 현대인은 그것에 대한 하나의 합리적인 원인을 발견하기 전까지 안심하지 못합니다.

성서의 옛 세계관과 현대의 세계관 사이에 발생하는 긴장은 두 개의 사고, 즉 신화적인 사고와 자연과학적인 사고 사이에서 발생하는 긴장입니다. 오늘날의 자연과학적인 사고방법과 질문방법은 고대 헬라에서 시작된 자연과학에서의 비판적인 방법론과 근본적으로 동일합니다. 고대 헬라인들의 사고는 '아르케'(αρχή), 즉 근원 혹은 기원에 관한 질문과 함께 시작합니다. 그들은 코스모스(κόσμος), 즉 우주를 체계적인 질서 또는 조화를 가진 통일체로 이해했습니다. 그들은 아르케에 대한 질문으로부터 이 세계를 질서와 조화를 가진 통일체로 이해하고자 했던 것입니다. 그러므로 이러한 헬라인들의 사고는 그들 각각의 주장(λόγον διδόναι)에 대한 합리적이고 이성적인 근거를 마련하고자 하는 시도와 더불어 시작합니다. 이러한 원리들은 오늘날의 자연과학과 동일합니다. 과학적인 연구의 결과들은 계속적으로 진행되며 변화하는 것과는 전혀 별개의 것입니다. 왜냐하면 변화 자체가 영속적인 원리로부터 기인한 것이기 때문입니다.

의심의 여지없이 자연과학적인 세계관이 세계와 인생의 전(全)실재를 인식할 수 있는지 없는지는 하나의 철학적인 문제입니다. 이렇게 말하는 데는 여러 가지 이유가 있습니다. 이 문제에 대해서는 다음 장에서 보다 상세하게 다루어 보도록 하겠습니다. 그러나 우선은 현대인의 사고가 실제로 자연과학적인 세계관에 의해 규정되고 있고, 현대인은 자신의 일상적인 삶을 위해 자연과학적인 세계관을 필요로 한다는 사실을 말하는 것으로 만족하도록 합시다.

2.

그러므로 만약 우리가 성서의 세계관이 회복될 수 있다는 생각을 받아들인다면, 그것은 하나의 희망사안일 뿐입니다. 성서에 나타나는 신화적인 세계관을 철저하게 지양하고 그 세계관을 의식적으로 비판하는 해석학적인 행위는 우리로 하여금 '진정한 걸림돌'에 관심을 집중하도록 해줍니다. 이러한 걸림돌이란 바로 인간이 구축한 안전의 도피처로부터 하나님의 말씀이 인간을 불러낸다는 사실에 있습니다. 자연과학적인 세계관은 하나의 커다란 유혹을 불러일으키는데, 즉 그와 같은 유혹은 인간이 세계와 자신의 생을 지배하려는 노력 가운데서 발생합니다. 인간은 자연의 법칙을 알고 있으며 자신이 계획과 욕망에 따라 자연의 힘들을 이용할 수 있습니다. 인간은 사회적이고 경제적인 삶에 있어서 항상 보다 더 분명한 법규들을 발견할 수 있습니다. 그리고 소포클레스가 안티고네(Antigone)의 유명한 합창에서 노래했던 것처럼 인간은 사회 속에서 자신의 삶을 항상 보다 더 효과적으로 형성할 수 있습니다.

> 많은 신비로운 것들이 존재하지만,
>
> 인간보다 더욱 신비로운 것이
>
> 있을 수 있을 손가!
>
> (Antigone, 332-333)

그러므로 현대인은 두 가지 사실을 망각할지도 모르는 위험에 처해 있습니다.

첫째, 인간의 계획과 시도들은 행복과 확신 그리고 유익과 성공에 따른 자기 스스로의 욕망에 의해 수행되는 것이 아닙니다. 오히려 선과 진실, 진리에 대한 요구에 대해 순종적으로 응답하는 것에 의해 수행되며, 자신의 이기심과 교만으로 인해 망각하고 있는 하나님의 계명에 대한 순종에 의해 수행됩니다. 그런데 현대인들은 이러한 사실들을 망각합니다.

둘째, 인간이 그들 자신의 인격적인 삶과 공동체적인 삶을 형성해 나갈 때 인간 스스로를 통해 진정한 확신을 얻을 수 있다고 생각한다면, 그것은 그저 하나의 망상에 불과합니다. 그런데 인간은 이러한 사실 또한 망각합니다.

인간이 지배할 수 없는 만남과 운명들이 존재합니다. 인간은 자신의 활동의 영속성을 확신할 수 없습니다. 인간의 삶은 광음처럼 빨리 지나가며 그 종국은 죽음이기 때문입니다. 역사는 계속해서 진행되고, 역사는 항상 거듭해서 모든 바벨탑들을 밀어서 넘어뜨립니다. 그러므로 어떤 궁극적인 확신도 존재하지 않습니다. 바로 이러한 환영이야말로 인간으로 하여금 그들의 확신을 향한 갈망에 쉽게 굴복하도록 만들었던 요인입니다.

이러한 갈망의 기저에는 어떤 원인이 놓여 있을까요? 확신을 향한 갈망의 기저에는, 인간이 다른 이들의 도움 없이 자기 스스로를 위해 확신에 도달하고자 할 때 영혼의 심연들 속에서 발생하는 숨겨진 두려움, 즉 염려(Sorge)때문입니다.

하나님의 말씀은 인간이 자기 스스로를 위해 쌓아 올린 이기심과 망상적인 확신으로부터 떠날 것을 촉구합니다. 말씀은 세상 너머에 계시며, 자연과학적인 사고 너머에 계시는 하나님께 향하도록 인간을 부릅니다. 동시에 하나님의 말씀은 인간 자신의 진정한 자아로 인간을 부릅니다. 인간의 자아, 즉 그의 내적인 생명과 그의 인격적인 실존은 또한 가시적인 세계와 이성적인 사고 너머에 서 있습니다. 인간이 피안(영원)의 것을 망각하자마자 하나님의 말씀은 인간의 인격적인 실존에 말을 걸어오며, 그것과 더불어 세상으로부터 그리고 염려와 두려움으로부터 인간에게 자유를 제공해 줍니다. 자연과학의 도움으로 인간은 세계를 자신의 것으로 소유하려 하지만, 실제로는 세상이 인간을 자신의 것으로 소유하는 사태가 발생합니다. 이 시대에 우리는 인간이 얼마나 광범위하게 기술에 의존하고 있으며, 얼마나 기술이 몸서리치는 결과들을 광범위하게 불러일으키는지를 볼 수 있습니다. 하나님의 말씀을 믿는다는 것은 인간적인 확신을 전적으로 포기하는 것이며, 그렇게 하는 것만이 자기 확신을 갈구하는 인간의 헛된 시도와 그것에 의해 형성되는 절망을 벗어나는 것을 의미합니다.

이러한 의미에서 신앙이란 설교가 제공하는 명령이며 선물입니다. 신앙은 설교의 메시지에 대한 답변입니다. 신앙은 인간 자신에 대한 확신을 포기하는 것이고, 오직 불가시적인 피안(영원), 즉 하나님 안에서만 확신을 찾고자 하는 준비입니다. 신앙은 어떠한 확신도 발견될 수 없는 곳에서 확신하는 것을 의미합니다. 마르틴 루터(Martin Luther)가 말한 것처럼 신앙은 신뢰 가운데서 담대하게 불확실한 미래를 향하여 투신하고자 하는 각오입니다. 시간과 영원을 지배하시고, 나를 부르시고, 행동하셨으며 지금은 내 안에서 활동하시는 하나님을 믿는 이러한 신앙은 세상에 대해 '그럼에도 불구하고' 실현될 수 있는 신앙입니다. 왜냐하면 세상 속에서 안전을 찾는 인간들에게는 하나님과 그의 행위에 관한 그 어떤 것도 가시적으로 눈에 보일 수 없기 때문입니다. 우리는 다음과 같이 말할 수 있습니다. 하나님의 말씀은 불확실함 가운데 있는 인간들에게 말을 건네며 그들을 자유 가운데로 부른다고 말입니다. 왜냐하면 인간은 안전을 향한 자신의 갈망으로 인해 도리어 자유를 상실하기 때문입니다. 이러한 표현은 역설(Paradox)로 들릴지도 모릅니다. 그렇지만 만약 우리가 자유의 의미를 숙고한다면 너무나 명백한 것입니다.

참다운 자유는 주관적인 독단이 아니며 순종 안에서의

자유입니다. 주관적인 독단으로서의 자유는 하나의 기만에 불과할 뿐입니다. 주관적인 독단의 자유는 인간에게 충동을 불러일으킵니다. 그 결과 인간은 한순간에 욕망과 격정이 명령하는 것을 따라 행합니다. 이러한 공허한 자유는 실제로 순간의 욕망과 격정에 의존합니다. 참된 자유는 순간의 충동으로부터의 자유입니다. 이 자유는 순간적인 충동의 분출과 억압에 저항하는 자유입니다. 이러한 자유는 인간의 행위가 현재의 순간을 초월하는 하나의 동인에 의해 규정될 때만 가능합니다. 그것은 율법에 의한 자유를 의미합니다. 자유란 그것의 유효성이 인정되고 받아들여졌을 뿐만 아니라 인간이 자신의 존재의 법으로 인식했던 율법에 대한 복종을 의미합니다. 그 기원과 토대를 피안(영원)에 두고 있는 율법만이 이러한 역할을 수행할 수 있습니다. 우리는 이러한 율법을 '성령의 법'이라고 부르거나 그리스도교적인 표현으로 '하나님의 법'이라고 부릅니다.

율법을 통해 정초 된 이러한 자유에 대한 사상, 즉 자유로운 복종 또는 복종하는 자유는 고대의 헬라 철학뿐만 아니라 그리스도교에도 잘 알려져 있는 사상이었습니다. 하지만 오늘날에 와서 자유에 대한 이러한 사상은 사라져 버렸고, 주관적인 독단이라는 자유에 대한 하나의 기만적인 사상으로 대체되었습니다. 이러한 자유에 대한 기만적인 사상은 어떤 기준도, 어떤 피안적인 율법도 인정하지 않습니다. 진리로서의 어떤 절대적인 윤리적 요구도 인정하지 않는 상대주의가 이러한 기만적인 사상으로부터 발생하게 됩니다. 이러한 상대주의가 발전하게 되어 다다르는 종착점은 다름 아닌 허무주의(Nihilismus)입니다.

상대주의가 발전하게 된 데에는 몇 가지 이유가 존재합니다. 첫째, 인간이 세계의 주인이고 자신의 삶에 주인이라는 그와 같은 망상을 유발하는 자연과학과 기술의 발전 때문입니다. 게다가 그곳에는 낭만주의 운동으로부터 유래한 역사적 상대주의가 도사리고 있습니다. 역사적 상대주의는 우리의 이성이 영원하거나 절대적인 진리들을 인식할 수 없고, 역사적인 발전에 예속되었다고 주장합니다. 그래서 각각의 진리는 주어진 시간과 인종 또는 문화에 대해서만 상대적인 유효성을 가질 뿐이라고 주장합니다. 그 결과 종국적으로 진리를 탐구하는 것은 무의미하다는 것입니다.

둘째, 진정한 자유에서 주관주의적인 자유로 자유의 개념이 변경된 데는 또 다른 이유가 있습니다. 가장 큰 이유는 진정한 자유의 면전에서 느끼는 불안(두려움), 즉 확신에 대한 갈망 때문입니다. 진정한 자유는 율법 안에서의 자유이지, 확신 안에서의 자유가 아닙니다. 왜냐하면 진정한 자유는 항상 책임과 결단 속에서 얻어지는 자유이며, 그러한 자유와 더불어 확신하지 못함 내지는 불확실성 가운데서의 자유이기 때문입니다. 주관적인 독단의 자유는 자기 자신에 대한 확신 가운데서 자기 자신을 믿습니다. 왜냐하면 이러한 독단적인 자유는 곧 하나의 초월적인 힘에 대해 아무런 책임을 지지 않기 때문이며, 과학과 기술을 통해 세계를 지배할 수 있다고 믿기 때문입니다. 주관적 자유는 확신 내지는 확실성에 대한 갈망으로부터 자라나는 것입니다. 실제로 주관적인 자유란 진정한 자유의 기준에서 측정하면 불안(두려움)에 불과한 것입니다. 그러나 하나님의 말씀은 인간을 진정한 자유, 자유로운 복종으로 부르십니다. 그리고 비신화화의 과제는 하나님의 말씀의 부르심을 명백하게 하는 것 외에 다른 목적을 가지고 있지 않습니다. 비신화화의 과제는 신화적인 세계관의 보다 깊은 의미를 질문하고 지나가 버린 낡은 세계관으로부터 하나님의 말씀을 해방시킴으로써, 성서를 올바르게 주석(해석)하는 것입니다.

3.

비신화화에 대한 반론이 제기됩니다. 이러한 반론은 비신화화가 그리스도교의 메시지를 이성주의적인 관점에서 합리화시키려 하고 있다는 오해로부터 기인하며, 비신화화가 그리스도교적인 메시지를 이성적인 인간 사고의 결과물로 해체시키려 하고 있다는 오해로부터 기인하고, 또한 비신화화가 하나님의 신비를 파괴한다는 오해로부터 기인합니다. 비신화화는 결코 그렇게 규정될 수 없습니다. 그와는 반대로 비신화화는 하나님의 신비의 참다운 의미를 명백하게 밝혀줍니다. 하나님의 불가해성은 이론적인 사고의 지평 위에 놓여 있는 것이 아니라, 인격적인 실존의 지평 위에 놓여 있습니다. 신앙이 관심을 가지는 신비는 '하나님이 자기 자신에게 있어서 무엇이냐?'라는 질문에 놓여 있는 것이 아니라 '그가 어떻게 인간과 더불어 행동하시느냐?'라는 질문에 놓여 있습니다. 이것은 하나의 신비입니다. 그러나 이것은 이론적인 사고에 있어서 신비가 아니라 인간의 본성적인 욕구와 욕망에 있어서의 신비입니다.

하나님의 말씀은 내가 이해하지 못한다는 점에서 신비인 것이 아닙니다. 내가 하나님의 말씀을 이해하지 못하면서 진정으로 그 말씀을 믿을 수는 없는 노릇입니다. 그러나 하나님의 말씀을 이해한다는 것이 그 말씀을 이성적이고 합리적으로 설명한다는 것을 의미하는 것은 아닙니다. 예를 들어 나는 알게 됩니다. 내가 개인적으로 향유하고 있는 우정과 사랑과 진실이 내가 감사히 받아들일 수 있는 하나의 신비라는 사실을 진정으로 이해함으로써, 나는 우정과 사랑과 진실이 무엇을 의미하는 지를 이해할 수 있습니다. 나는 우정과 사랑과 진실을 이성적인 사고를 통해서 또는 심리학적인 분석을 통해서 파악하는 것이 아니라 오직 인격적인 만남이라는 개방적인 자세 안에서만 파악할 수 있습니다. 우정과 사랑과 진실이 나에게 선물로 주어지기 이전에 이러한 자세 안에서 나는 이미 어느 정도까지 그것들을 이해할 수 있습니다. 왜냐하면 나의 인격적인 실존이 우정과 사랑과 진실을 필요로 하고 있기 때문입니다. 그런 연후에 나는 우정과 사랑과 진실을 찾고 그것들을 열망함으로써 그것들을 이해하게 되는 것입니다. 그럼에도 불구하고 나의 열망이 성취되고 한 명의 친구가 나에게 온다는 사실 자체가 여전히 나에게는 하나의 신비로 남습니다.

같은 방식으로 나는 하나님의 은총이 의미하는 바가 무엇인지를 이해할 수 있습니다. 나는 하나님의 은총이 나에게 오지 않는 동안 그분의 은총을 간구합니다. 그리고 하나님의 은총이 나에게 왔을 때 나는 감사함으로 그 은총을 받아들입니다. 그러나 하나님의 은총이 나에게 온다는 사실, 자비로우신 하나님이 나의 하나님이 되신다는 사실은 영원히 나에게 신비로 남아 있습니다. 그 이유는 하나님이 비이성적인 방식으로 사물의 자연적인 진행과정을 방해하는 어떤 것을 행하시기 때문이 아니라, 하나님이 자신의 말씀 안에서 자비로우신 하나님으로 나와 만나주신다는 사실이 나에게 불가해한 신비이기 때문입니다. 그렇다면 우리는 바울의 권면에서 죄에 대한 그의 충고와 경고를 어떻게 이해해야만 할까요?

Jesus Christus und
die Mythologie

1.

나는 비신화화가 그리스도교 신앙을 하나의 철학으로 변
질시킨다는 반론을 종종 듣곤 합니다. 이러한 반론은 내가
비신화화를 하나의 해석, 즉 하나의 실존주의적 해석이라
고 부르고, 특히 실존철학 안에서 마르틴 하이데거(Martin
Heidegger)에 의해 발전된 개념들을 사용하고 있다는 것으로
부터 기인합니다.[14]

---

14   역자 주: 불트만은 하이데거의 실존철학을 사용해서 신약성서의 본문을 이
      해하고 자 했다. 하이데거에 따르면 인간은 세상적인 수단과 방법을 통해
      자신의 안전을 추구함으로써 '비본래성'의 나락으로 떨어지는 존재이다. 실
      존에 대한 이해는 '비본래성'(Uneigentlichkeit)으로부터 인간을 불러내어
      '본래성'(Eigentlichkeit)을 향하여 나아갈 것을 요구한다. 신약성서의 메
      시지는 이러한 하이데거의 실존 이해에 의거해서 파악되어야만 한다는 것
      이다. 불트만이 하이데거의 실존 이해를 사용하기는 했지만, 그의 실존 이

우리는 **비신화화가 하나의 해석학적인 방법**[15], 즉 하나의 해석의 방법이며 주석의 방법이라는 사실을 염두에 둘 때 이 문제를 가장 잘 이해할 수 있습니다. '해석학'(Hermeneutik)은 주석의 기술(Art)입니다.

슐라이어마허(Friedrich Daniel Ernst Schleiermacher)[16]가 해석

해의 전부를 수용한 것은 아니다. 불트만은 실존에 대한 신약성서의 관점과 하이데거의 관점 사이의 차이점 또한 지적한다. 하이데거는 인간이 비본래성으로부터 본래성으로 넘어갈 수 있는 능력을 스스로 가지고 있다고 보는 반면, 불트만은 그러한 능력을 인간 스스로는 가지고 있지 않은 것으로 본다(Rudolf Bultmann, "*Zum Problem der Entmytologisierung des Christusgeschehens* ," i n: Neues Testament u nd Mythologie, Das Problem der Entmythologisierung der neutestamentlichen Verkündigung [München: Chr. Kaiser], 53–63). 인간의 본래적인 실존은 인간의 자력으로 얻을 수 없고, 말씀을 통해서 우리에게 오시는 하나님의 은총에 의해만 얻을 수 있다. 하이데거에 따르면 비본래적인 실존에서 본래적인 실존으로 넘어가는 것은 인간의 존재의 가능성에 속한 반면, 불트만에게 있어서 그 가능성은 전적으로 그리스도 사건이 우리에게 주는 은총의 선물이다. 불트만에 따르면 실존철학은 인간 실존의 형식과 구조를 분석할 수 있을 뿐, 인간의 실존이 봉착하고 있는 문제, 즉 비본래적인 실존으로부터 본래적인 실존으로의 전향을 도울 수 없다. 오직 그것을 도울 수 있는 길은 그리스도 사건(Christusgeschehen)과 그것에 대한 믿음뿐이다.

15 굵게 표시한 부분은 저자 불트만의 강조.

16 역자 주: 프리드리히 다니엘 에른스트 슐라이어마허(Friedrich Daniel Ernst Schleiermacher, 1768–1834)는 독일의 개혁교회 소속의 신학자이며 철학자이다. 슐라이어마허는 계몽주의, 경건주의, 그리고 낭만주의의 영향 하에 신학을 집대성하여 근대 개신교 자유주의 신학을 탄생시킨 개신교 자유주의 신학의 태두이다. 그래서 그를 자유주의 신학의 아버지라고 부른다. 그리고 또한 오늘날 신학과 철학에 있어서 중요한 분야로 알려져 있는 해석학(Hermeneutik)이 슐라이어마허로부터 시작되었기에 그를 해석학의 아버지라고도 부른다. 슐라이어마허는 신앙을 받아들이는 인간의 '절대의존감정'(Das schlechthinnige Abhängigkeitsgefühl)으로서의 신앙 경험(체험)을 강조했고, 신앙 체험을 바탕으로 직관과 감정에 근거한 신학 방법

학에 관심을 가지고 해석학에 대한 의미 있는 논문들을 쓴 이후에 애석하게도 해석학에 대한 깊은 연구가 점차 등한시 되었습니다. 적어도 독일신학에서 그런 현상이 두드러졌습니다. 1차 세계대전 이래로 해석학에 대한 새로운 관심이 다시 되살아나게 되었는데, 이것은 독일의 위대한 철학자 빌헬름 딜타이(Wilhelm Dilthey)[17]의 연구 결과에 힘입은 바가 큽니다.

주석가들은 해석학(해석의 방법)에 대해 숙고함으로써 – 주석가들은 그것에 대해서 종종 스스로 의식하지 못한다 할지라도 – 주석들이 항상 특정한 전제들과 개념들에 근거하고 있다는 사실을 명백하게 깨닫게 되었습니다. 주석가들이 이러한 사실을 종종 의식하지 못하고 있다 할지라도 말입니다. 주석가들의 특정한 전제와 개념들은 주석의 전제들로 작용하여 주석가들이 수행하는 주석을 지배합니다. 그래서 주

론을 구축했다. 그리고 슐라이어마허는 신학에 있어서 목회와 실천을 신학 학문의 대상으로 삼아 실천신학을 창시했다. 그래서 그를 또한 실천신학의 아버지라고 부른다. 교회사가들은 개신교 신학을 슐라이어마허 이전과 이후로 구분하며, 그 이전의 시대, 즉 17세기를 개신교 정통주의의 시대로, 그리고 그 이후의 시대, 즉 18–19세기를 개신교 자유주의의 시대로 나눈다. 슐라이어마허로부터 시작된 근대 개신교 자유주의 신학은 20세기 벽두에 칼 바르트(Karl Barth)의 등장과 더불어 붕괴되었다. 개신교 자유주의 신학은 바르트와 그를 따르는 변증법 신학자들(Dialektische Theologen)의 분노에 찬 공격으로 말미암아 해체되어 종언을 고하게 되었던 것이다.

17 빌헬름 딜타이(Wilhelm Dilthey, 1833–1911)는 독일의 베를린(Berlin)대학에서 교수로 가르쳤던 철학자이고, 역사학자이고, 심리학자이며, 해석학자이다. 딜타이는 자신의 시대 직전까지 경원시되었던 슐라이어마허의 해석학을 활성화시키는데 기여했다.

석은 주석가의 사상적인 전제들에 영향을 받지 않을 수 없습니다.

이러한 사실에 대한 하나의 분명한 예증으로서 우리는 신약성서의 개념 가운데 하나인 '영'(πνεῦμα, Geist)에 관해 살펴볼 필요가 있습니다. 19세기에 임마누엘 칸트(Immanuel Kant)와 프리드리히 헤겔(Friedrich Georg Wilhelm Hegel)의 철학은 신학자들에게 심원한 영향력을 행사했습니다. 그래서 신학자들은 두 철학 거장들의 영향 하에 자신들의 인간학적이고 윤리학적인 개념들을 형성시켜 갔습니다. 그러므로 신약성서 안에 나타나는 영은 당시에 독일 관념론이 말하는 영의 의미로 이해되었습니다. 영에 대한 이러한 이해는 인본주의 사상의 전통에 근거하고 있으며 19세기의 신학이 헬라의 관념철학으로 회귀했음을 의미합니다. 19세기의 신학자들은 '영'을 이성의 능력(λόγος, νοῦς)으로 이해했습니다. 그들은 영을 포괄적인 의미에 있어서 이성적인 사고와 논리적 사고의 영역에서 뿐만 아니라 윤리와 도덕적 판단과 행위의 영역에서 그리고 예술과 시의 영역에서 역사하는 힘으로 이해했습니다. 사람들은 영이 인간의 영혼 속에 살고 있다고 생각했습니다. 어떤 의미에서 영은 개개인의 주체 밖으로부터 오는 초월적이고 피안적인 힘으로도 간주되었습니다. 따라서 영혼 속에 있는 영은 우주적 이성이었던 신적인 영의 일부분으로 이해되었습니다. 그러므로 개개인의 영혼 안에 있는 영은 개인으로 하여금 참다운 인간적 삶을 살게 해주는 안내자였던 것입니다. 인간은 교육을 통해 영에 의해 자신에게 주어진 가능성을 실현하지 않으면 안 됩니다. 영에 대한 이러한 사상은 19세기 당시에 신학에서와 마찬가지로 철학에서도 일반적으로 철학자들 사이에 지배적으로 견지되던 입장이었습니다.

신약성서에서의 '영'의 개념, 특히 바울서신 안에서 영의 개념은 도덕적인 판단과 행위의 힘내지는 능력으로 이해되었으며, 도덕적인 순결로서의 성화(Heiligung)의 속성으로 이해되었습니다. 더욱이 사람들은 신앙고백과 교의학을 생성시키는 인식의 힘이 다름 아닌 영이라고 보았습니다. 물론 영은 하나님의 은사(선물)로 여겨졌으나 관념론적인 의미로 이해되었습니다. 그 후 헤르만 궁켈(Hermann Gunkel)[18]은 자신의 소책자 『성령의 사역』(Die Wirkungen des Heiligen Geistes, 제1판, 1888)에서 이와 같은 주석학적 오류를 지적했습니다. 영은 신약성서 안에서 인간의 영혼이나 이성에 속하는 하나의 신적

---

18 역자 주: 헤르만 궁켈(Hermann Gunkel, 1862–1932)은 독일 루터교회 소속의 구약성서학자였다. 궁켈은 구약성서 해석에 있어서 양식사(Formgeschichte)와 양식사 비평(Kritik der Formgeschichte)을 창안한 인물이다. 궁켈은 괴팅겐(Göttingen)대학과 기센(Gißen)대학에서 공부한 후, 베를린(Berlin)대학과 할레(Halle)대학에서 가르쳤다. 궁켈의 양식사 비평 방법론은 그의 대표작 『창세기 주석』(1901)과 『시편 주석』(1926)에 잘 나타나 있다. 시편을 다양한 양식들(Formen, Gattungen)로 구분하여 연구한 그의 시편 주석방법은 향후의 시편 주석에 여전히 지속적으로 영향을 미쳤다.

능력이 아니라, 초자연적인 능력을 의미한다는 것입니다. 궁켈에 따르면 신약성서에서 영은 방언이나 예언 등의 기적적인 심리현상들을 불러일으키는, 한 편의 경이롭고 놀라운 초자연적인 신적 능력 내지는 힘을 의미한다는 것입니다. 궁켈이전의 영에 관한 해석이 관념론적인 개념들에 의해 주도되었던 반면에, 궁켈의 영에 관한 해석은 심리학적인 개념들에의해 주도되었습니다. 이러한 심리학적인 개념들은 소위 종교사학파(Die Religionsgeschichtliche Schule)[19]를 지배했습니다.

---

19   역자 주: 종교사학파(Die Religionsgeschichtliche Schule)란 1890년대 독
      일 괴팅겐(Göttingen)대학을 중심으로 등장했던 독일 개신교 신학자들의
      신학 운동을 의미한다. 종교사학파에 속한 학자들의 대부분은 리츨학파의
      영향을 받은 사람들이지만, 이들과 리츨학파 사이에는 그리스도교를 바라
      보는 관점의 차이가 존재한다. 리츨학파가 그리스도교의 절대성과 보편성
      을 선험적인 가치로 전제하고 신학적인 작업을 수행했다면, 종교사학파들
      은 그리스도교를 수많은 종교들 가운데 하나로 전제하고, 그 종교들과의
      비교 속에서 그리스도교의 독특성과 우위성을 논증하고자 했다(이상은,
      『계몽주의 이후 독일 개신교 신학 개관: 칸트에서 리츨까지』 [경기도: 서울
      장신대학교출판부, 2015], 352-353). 이 학파의 대표적인 학자들로는 베
      른하르트 둼(Bernhard Duhm), 알베르트 아이히호른(Albert Eichhorn),
      헤르만 궁켈(Hermann Gunkel), 요하네스 바이스(Johannes Weiss), 빌헬
      름 부셋(Wilhelm Bousset), 리하르트 아우구스트 라이첸슈타인(Richard
      August Reitzenstein), 에른스트 트뢸치(Ernst Troeltsch), 빌헬름 브레데
      (Wilhelm Wrede), 루돌프 오토(Rudolf Otto), 빌헬름 하이트뮐러(Wilhelm
      Heitmüller)등이 있다. 종교사학파의 특징은 성서에 나타나는 여러 사상들
      과 개념들을 고대 근동의 종교들과 지중해 연안의 세계 내지는 헬라의 신
      비종교와 비교해서 연구하려는 것이다. 그러므로 구약성서를 이해하기 위
      해서는 고대 근동이나 메소포타미아, 즉 바벨론의 종교사를 먼저 연구하
      는 것이 필수적이며, 신약성서를 이해하기 위해서는 지중해를 둘러싼 헬라
      철학과 헬라 신비종교에 대한 연구가 필수적이라는 것이다. 그러기에 이
      학파를 다른 말로 '비교종교학파'라고도 부른다. 이 학파의 기여는 그리스
      도교 신학이 교회라는 울타리를 넘어서 종교철학, 종교심리학, 비교종교학

종교사학파에 속한 학자들이 심리학적인 현상들에 주목했기 때문에 그들은 신약성서 안에서 지금까지 간과하거나 하찮게 취급했었던 중요한 사상들을 발견해 낼 수 있었습니다.

예를 들어 종교사학파의 학자들은 열광적이고 제의적인 경건의 중요성과 제의적인 회합(모임)의 중요성을 발견했습니다. 그들은 앎, 즉 지식(γνῶσις)의 개념을 한 편의 새로운 방식으로 이해했습니다. 지식은 통상적으로 이론적이고 이성적인 지식을 의미하는 것이 아니라, 신비적인 직관 또는 환상 또는 그리스도와의 신비로운 연합을 의미했습니다. 여기에서 종교사학파 가운데 한 사람인 빌헬름 부셋(Wilhelm Bousset)[20]

적인 시각에서 논구될 수 있는 길을 열었다는 것이다. 그러나 종교사학파의 가장 큰 문제점은 이 학파의 근본적인 시각이 그리스도교라는 종교를 이 세상에 존재하는 수많은 종교 가운데 하나로 봄으로써 그리스도교의 진리를 상대주의적인 관점에서 논증하려 한다는 데 있다.

20 역자 주: 빌헬름 부셋(Wilhelm Bousset, 1865-1920)은 독일의 신약성서 학자이며 종교사학파에 속한 대표적인 학자 가운데 한 명이다. 부셋은 에를랑겐(Erlangen)대학에서 공부를 시작했고, 그곳에서 에른스트 트렐취(Ernst Troeltsch, 1865-1923)를 동문으로 만나 평생 동안 우정을 나누었다. 부 셋은 에어랑겐에서 공부한 후 라이프치히(Leipzig)대학으로 옮겨 공부를 이어 갔는데, 그곳에서 리츨학파에 속한 저명한 신학자 가운데 한 명인 아돌프 폰 하르낙(Adolf von Harnack, 1851-1930)의 제자가 되었다. 라이 프치히에서 공부한 후 부셋은 괴팅겐(Göttingen)대학에서 공부를 계속이 어 나갔다. 괴팅겐에서 공부를 마친 후, 1890년에 그는 괴팅겐대학에서 신약성서 해석학 교수가 되었으며, 1916년에는 기센(Gießen)대학 교수가 되었다. 그는 종교사학파에 속한 저명한 인물 가운데 한 명이며, 그의 신학적인 관심사는 초기 기독교 신학과 헬라 신비종교와 헬라 유대교 사이의 비교 연구에 집중되어 있었다. 그의 가장 중요한 작품은 2세기 헬라 신비종교의 배경 하에서 초기 그리스도교의 신학을 설명하는 『주 그리스도』(Kyrios Christos)이다. 부셋은 자신의 책 『주 그리스도』에서 초기 교회의

의 저서 『주 그리스도』(Kyrios Christos, 제1판, 1913)는 신약성서 연구에 있어서 하나의 중요한 이정표가 되었습니다.

물론 대부분의 경우 주석가들이 의식하고 있지는 못하겠지만 **각각의 주석가는 관념론적이든, 심리학적이든 자신의 주석의 전제로서 어떤 특정한 개념들을 가지고 있는 것이 명백합니다.**[21] 그러므로 나는 이러한 관찰을 계속할 필요성을 못 느낍니다. 그러나 여기에서 질문이 발생합니다. '어떤 표상들이 정당하고 사실에 부합하는가? 어떤 전제들이 정당하고 사실에 부합하는가?' 또는 '이러한 질문에 답변을 찾는 것은 가능한가?'

나는 몇 가지 예를 제시함으로써 이러한 '난제'(ἀπορία)에 대해 상론하고자 합니다. 바울에 따르면 세례를 받은 신자는 죄에서 자유합니다. 그는 더 이상 죄를 지을 수 없습니다. 바울은 다음과 같이 말합니다.

그리스도론과 성례전론, 즉 세례와 성만찬을 헬라의 신비종교와 관련해서 연구했다. 그는 주장하기를 바울 서신에 등장하는 "세례를 통한 그리스도와의 연합"(롬 6:1-14)이 헬라의 신비종교(Hellenistischer Mystizismus)로부터 기원한 자연신 숭배사상(예를 들자면 이시스[Isis]와 오시리스[Osiris] 숭배)으로부터 기원했다고 주장했다. 비록 그의 견해가 오늘날의 신학자들에 의해 모두 지지받는 것은 아니라고 할지라도 여전히 원시 그리스도교의 그리스도론의 기원을 연구함에 있어서 여전히 영향력을 행사하고 있는 것 또한 사실이다. 부셋의 원시 그리스도교 신학의 재구성의 문제점에 대해서는 역자의 '비평적 해제'를 참고해 주기 바란다.

21 굵게 표시한 부분은 저자 불트만의 강조.

"우리가 알거니와 우리 옛 사람은 그리스도와 함께 십자가에 달려 죽었습니다. 그래서 죄의 몸은 죽어 버리고, 우리는 더 이상 죄에게 종노릇 하지 않게 되었습니다. 이미 죽은 사람은 죄로부터 자유합니다"(롬 6:6-7)

여기서 한 가지 질문이 제기됩니다. '당신은 죄를 지어서는 안 된다!'라는 명령법이 '당신은 죄로부터 자유한가?'라는 직설법과 어떻게 일치할 수 있는가? 파울 베른러(Paul Wernle)[22]의 저서 『그리스도인과 죄』(Der Christ und die Sünde, 1837)는 이러한 질문에 답변합니다. 베른러에 따르면 상기의 두 문장, 즉 '당신은 죄를 지어서는 안 된다'는 명령법의 문장과 '당신은 죄로부터 자유한가?'라는 직설법의 문장은 상호 간에 일치할 수 없다는 것입니다. 여기에서 바울은 모순을 범하고 있다는 것입니다. 이론상으로 모든 그리스도인들은 죄로부터 자유롭습니다. 그러나 현실적으로 그들은 여전

---

22   역자 주: 파울 베른러(Paul Wernle, 1872-1839)는 개혁교회 소속의 신학자로서 독일 괴팅겐(Göttingen)대학에서 공부한 후, 1900년 스위스 바젤(Basel)대학의 부교수를 거쳐 1905년 동 대학교 정교수가 되었다. 그는 바젤에서 교회사와 교리사 그리고 개신교 교의개념의 역사를 주전공으로 가르쳤고, 부전공으로 신약성서를 가르쳤다. 그의 유명한 제자로는 훗날 체코 프라하대학(Karls Universität Prag)의 조직신학 교수가 되었으며 칼 바르트의 제자이기도 한 요셉 로마드카(Josef Hromadka)와 칼 바르트의 죽마고우이며 바젤대학의 실천신학 교수가 되었던 에두아르드 투르나이젠(Eduard Thurneysen)이 있다.

히 죄를 범합니다. 그 때문에 바울은 이러한 훈계들을 자신의 서신에서 해야만 했던 것입니다. 그렇다면 여기에서 베른러의 견해는 과연 옳은 것입니까? 우리가 그와 같은 모순을 바울에게 돌리는 것은 정당한 것입니까? 나는 그렇게 생각하지 않습니다. 바울에게 직설법과 명령법 사이에는 하나의 내적인 연결과 결속이 존재합니다. 바울은 자신의 서신의 몇몇 말씀들에서 이러한 연결과 결속에 강조점을 두고 있습니다. 예를 들어 고린도전서 5:7에서 바울은 다음과 같이 말합니다.

"여러분은 낡은 누룩을 깨끗이 없애버리고 다시 순수한 반죽이 되어야 합니다"

또는 갈라디아서 5:25에서 바울은 다음과 같이 말합니다.

"성령께서 우리에게 생명을 주셨다면, 우리는 성령의 지도를 따라서 살아야만 합니다"

내 생각에는 이러한 말씀들은 명령법과 직설법 사이의 내적인 연결을 명백하게 보여주고 있는 것 같습니다. 즉, 직설법이 명령법의 기초가 되는 것입니다. 이제 우리는 우리의 질문으로 돌아가봅시다. 어떤 것이 옳은 표상들입니까? 어떤 것이 사실에 부합되는 전제입니까? 우리는 아마도 전적으로 전제들 없이 주석해야 하고, 본문 자체가 주석의 표상들을 제시해 준다고 말해야만 하는 것입니까? 우리가 이러한 물음들을 때때로 긍정하기는 합니다만, 실제로 그것은 불가능한 것입니다. 물론 우리의 주석이 주석의 결과들과 관련하여 어떠한 전제도 없어야 한다는 것은 자명합니다. 우리는 본문이 말하기 원하는 것을 미리 앞당겨서 알 수는 없습니다. 반대로 우리는 본문으로부터 배우지 않으면 안 됩니다. 주석의 결과들이 어떤 교의학의 특정한 진술들과 일치해야만 한다는 것을 전제하는 주석은 진정하고 정당한 주석이 될 수 없습니다. 그럼에도 불구하고 결과들과 관련된 전제들과 연구방법론과 관련된 전제들 사이에는 원리적으로 차이가 존재합니다. 방법론은 단지 질문의 방식 외에 다른 것이 아니라고 말할 수 있습니다. 즉, 방법론은 문제제기의 한 방식인 것입니다. 그것은 주어진 본문에 대해 내가 특정한 질문들을 던지지 않는다면, 도무지 그 본문을 이해할 수 없다는 것을 의미합니다. 본문을 이해하기 위한 질문들은 대단히 다양할 수 있습니다. 만약 여러분이 심리학에 관심을 가지고 있다면 성서와 다른 문학작품들을 심리학적인 현상의 관점에서 읽을 것입니다. 여러분은 개인심리학적인 범주나 사회심리학적인 범주에서 새로운 지식을 얻기 위해 성서 본문들을 읽을 수 있습니다. 그리고 또한 여러분은 시와 종교와 기술의 심리학적 차원에 대한 새로운 지식을 얻기 위해 성서 본문들을 읽을 수도 있습니다.

이러한 경우에 우리는 심리학적 범주로부터 우리의 심리학적인 삶을 이해할 수 있게 되고, 심리학적인 범주와 더불어 성서본문들을 주석할 수 있는 특정한 개념들을 얻게 되는 것입니다. 우리는 이러한 개념들을 어디로부터 얻을 수 있습니까? 이러한 질문은 하나의 또 다른 중요한 사실, 즉 주석에 있어서 또 다른 전제에 빛을 던집니다. 이러한 개념들은 우리 스스로의 정신적인 삶으로부터 얻어지는 것입니다. 우리의 정신적인 삶으로부터 도출되는 주석의 전제나 또는 본문에 일치하는 주석의 전제는 실제로 주어진 본문에 질문으로 던지는 주제, 즉 우리의 정신적 삶과 깊은 관계를 맺고 있습니다. 나는 이러한 관계를 '삶의 관계'(Lebensbezug)라고 부릅니다. 이러한 관계 안에서 우리는 질문이 제기하는 주제에 대해 하나의 확실한 이해를 갖게 되고, 이러한 이해로부터 주석의 개념들이 형성되게 되는 것입니다. 본문을 읽음으로써 우리는 배우게 될 것이고, 스스로의 이해가 확장되고 향상되게 될 것입니다. 이러한 관계와 전이해 없이는 어떤 본문도 이해하는 것이 불가능합니다.

만약 우리가 음악적인 식견을 가지고 있지 못하다면, 음악을 취급하고 있는 본문을 이해할 수 없는 것은 너무나 당연합니다. 만약 우리가 수학적인 사고를 할 수 없다면, 단 한 편의 수학 논문이나 단 한 권의 수학책도 이해할 수 없습니다. 그리고 만약 우리가 철학적으로 사고할 수 없다면, 단 한 권의 철학책도 이해할 수 없습니다. 우리 스스로가 역사의식을 갖고 살지 않는다면, 그래서 권력에의 의지, 국가, 법률 등과 같은 역사 안에서의 권력과 역사를 작동시키는 동인들과 그 내용들과 운동들이 형성시키는 역사를 이해할 수 없다면, 우리는 역사와 관련된 단 하나의 본문도 이해할 수 없습니다. 우리는 사랑 또는 우정, 미움 또는 질투와 같은 것이 무엇인지를 우리 스스로의 삶으로부터 이해하지 못한다면 우리는 단 한 편의 소설도 이해할 수 없습니다. 그러므로 각각의 주석 방법의 첫 번째 전제는 다음과 같습니다. 우리가 주제와 관련하여 본문에 던지는 질문이 본문으로부터 답변을 유발한다는 것입니다. 그리고 우리는 그와 같은 질문을 통해 본문으로부터 답변을 얻게 됩니다.

나는 심리학적인 주석의 실례를 통해 성서를 주석하는 주석가의 상황을 분석하려고 시도했습니다. 우리는 얼마든지 여러 가지 다양한 관심사와 더불어 하나의 본문을 읽을 수 있고 주석할 수 있습니다. 예를 들어 미학적인 관심사나, 역사적인 관심사와 더불어 또는 국가의 정치적인 관심사나 문화사적인 관심사 등등과 더불어 우리는 하나의 본문을 읽고 주석할 수 있습니다. 역사적인 주석과 관련하여 두 가지 가능성이 존재합니다.

첫째, 역사적인 주석의 목표는 사람들에게 과거의 세계관을 제공해 주는 것이고, 과거의 역사를 재구성하는 것입니다.

둘째, 역사적인 주석의 목표는 역사적 사료로부터 우리가 현재의 삶을 위해 필요한 것이 무엇인지를 배우는 것입니다.

예를 들어 우리는 플라톤(Plato)을 기원전 5세기 말에 활동했던 고대 헬라 문화에 있어서 흥미로운 인물로 주석할 수 있습니다. 그러나 우리는 플라톤을 통해 또한 인간의 삶에 대한 진리를 배우기 위해 그를 주석할 수도 있습니다. 후자의 경우에 주석은 지나가버린 과거 역사의 한 시대에 대한 우리의 흥미에 의해 조건 지어지는 것이 아니라, 지금 여기에서의 진리를 향한 우리의 갈망에 의해 조건 지어집니다.

만약 우리가 지금 성서를 주석하고자 한다면, 우리의 관심사는 무엇입니까? 분명히 성서는 하나의 역사적인 문헌입니다. 그러므로 우리는 성서를 역사 연구의 방법들을 사용해서 주석해야만 합니다. 우리는 성서의 언어를 연구해야만 하고, 성서 저자의 역사적인 상황 등을 연구하지 않으면 안 됩니다. 그러나 우리의 참되고 진정한 관심은 무엇입니까? 우리는 성서를 그저 과거의 역사적 시기를 재구성하기 위한 역사적인 자료로만 사용하고 읽어야 합니까? 아니면 성서는 자료(Quelle) 그 이상의 의미가 있는 것입니까? 나는 생각합니다. 우리의 실제적인 관심사는 성서가 우리의 현재의 상황에 대해 무엇을 말하고 있는지를 듣는 것이며, 실제적으로 우리의 삶과 우리의 영혼에 관해 무엇을 말하고 있는가를 듣는 것입니다.

2.

지금 여기에서 질문이 발생합니다. '이러한 주제를 수행하기 위해 어떤 방법이 적합하며, 어떤 개념들이 적절한가?' 그리고 또한 '우리의 질문들과 개념들이 불러일으켰던 성서의 주제와 관련하여, 우리가 애초부터 가지고 있었던 관계, 즉 삶의 관계란 무엇인가?', '우리는 성서의 주제가 하나님의 계시이기 때문에, 그 이전에는 어떤 관계도 가지고 있지 않았고, 우리는 단지 하나님의 계시를 통해서만 – 계시 이전에는 그

와 같은 관계는 불가능하기에 – 하나님과의 관계를 획득할 수 있다고 말해야만 하는가?'

실제로 그렇게 주장했던 신학자들이 있었습니다. 그러나 나에게는 그들의 주장이 오류로 보입니다. 우리는 아우구스티누스(Augustinus)의 말에서 그러한 신학자들에 대해 반론하는 고전적인 표현을 발견하게 됩니다.

당신은 당신 자신을 위해 우리를 창조하셨습니다.

그러므로 우리의 마음은

당신 안에서 안식을 얻기까지 불안하기만 합니다.[23]

아우구스티누스에 따르면 인간은 하나님의 계시로부터가 아니라, 다시 말하면 그리스도 안에서 그분의 행동으로부터가 아니라, 처음부터 선험적으로 하나님에 관한 지식을 가지고 있었던 것입니다.

인간은 그가 의식하든 의식하지 못하든 하나님을 향한 갈망 가운데서 하나님과 관계를 맺고 있습니다. 인간의 삶은 하나님을 향한 갈망을 통해 움직입니다. 왜냐하면 의식하든 의식하지 못하든 인간은 자신의 개인적인 실존(Existenz)에 관

---

23 *Tu nos fecisti ad te, et cor nostrum inquietum est, donec requiescat in te* (Augustinus).

한 물음에 의해 항상 움직여지기 때문입니다. 그러므로 하나님에 대한 질문과 나 자신에 대한 질문은 동일한 것입니다.

지금 우리는 성서를 주석하기 위한 적절한 방법이 무엇인지를 질문해야만 합니다. 이러한 질문은 다음과 같습니다. **'성서에서 인간의 실존은 어떻게 이해되고 있는가?'**[24] 나는 역사연구와 역사문헌에 대한 모든 주석들에 있어서 궁극적인 해석의 동기라고 할 수 있는 이러한 질문들과 함께 성서 본문에 접근해야만 한다고 생각합니다. 나는 역사에 관한 이해를 통해 인간의 가능성들에 대한 하나의 이해를 얻을 수 있으며, 그것과 더불어 나 자신의 삶의 가능성들에 대한 이해를 얻을 수 있습니다. 우리가 역사를 연구하는 궁극적인 이유는 인간 실존의 가능성들에 대해 우리 스스로 자각하는 데 있습니다.

그럼에도 불구하고 성서 문헌의 주석은 하나의 특별한 토대를 가지고 있습니다. 교회의 전통과 설교는, 우리가 성서 안에서 우리의 실존에 전권을 행사하는 말씀들을 듣게 된다고 말합니다. 성서가 다른 문헌들과 구분되는 것은 성서 안에서 나에게 하나의 특별한 '실존 가능성'이 나타나지만, 성서 안에 나타나는 실존 가능성은 내가 선택하거나 거부할 수 있는 형태로 나타나지 않는다는 것입니다. 오히려 성서는 인

24　굵게 표시한 부분은 저자 불트만의 강조.

격적으로 나에게 말을 걸어오는 나를 위한 말씀이며, 나의 실존을 보편적으로 알려주는 말씀일 뿐만 아니라 나에게 진정한 실존을 제공해 주는 말씀입니다. 그럼에도 불구하고 그것은 내가 미리 계산할 수 있는 하나의 가능성이 아닙니다. 그것은 내가 성서를 이해하는 수단으로 사용할 수 있는 방법론적인 전제가 아닙니다. 왜냐하면 성서 안에 나타나는 실존 가능성은 내가 그 말씀을 이해할 때에야 비로소 나에게 실제가 될 수 있기 때문입니다.

그러므로 우리의 과제는 성서가 말하는 것이 무엇인지를 이해하는 데 수단이 될 수 있는 해석학적인 원리를 발견하는 데 있습니다. 각각의 역사적인 문헌이 원리적으로 그와 같은 질문을 불러일으키기 때문에 우리는 다음과 같은 질문을 피하기가 어렵습니다. 즉, '성서 각각의 개별적인 문제에서 인간 실존에 대한 어떠한 이해의 가능성들이 드러나고 있는가?' 나는 비평적인 성서연구 안에서 이러한 질문에 대한 하나의 답변을 발견하려는 것 외에 더 이상 다른 작업을 수행할 수 없습니다. 내가 성서의 말씀을 나를 겨냥하는 하나의 인격적인 말씀으로 듣는다는 것과 내가 그 말씀을 믿는다는 것은 비평적인 성서 연구의 범주를 넘어서는 것입니다. 이러한 인격적인 이해는 – 전통적인 표현방식에 따르면 – 내 뜻대로 할 수 없는 성령의 사역에 의해 내게 주어지는 것입니다. 다른 한편으로 우리는 적절한 해석학적 원리, 즉 올바른 질문을 제기할 수 있는 타당한 방식을 오직 객관적이고 비평적인 연구를 통해서 발견할 수 있습니다. 만약 올바른 질문이 인간 실존을 이해할 수 있는 가능성과 관련되어 있다면, 이와 같은 이해를 표현하기 위해선 적절한 개념들이 계발되어야 합니다. 이러한 개념들을 발견하는 것이 곧 철학의 과제입니다.

그러나 그렇게 된다면 성서주석이 철학의 통제 아래로 추락하게 되고 말 것이라는 반론이 제기됩니다. 그리고 이러한 반론은 사실입니다. 그럼에도 불구하고 우리는 성서주석이 어떠한 의미에서 철학의 통제를 받게 되는 것인지를 질문해야 합니다. 어떤 특정한 주석이 세속적인 표상들이나 개념들로부터 분리될 수 있다고 생각하는 것은 하나의 거짓이고 기만입니다. 개별 주석가들은 자신들이 그 사실을 의식하든 의식하지 못하든 전통으로부터 물려받은 개념에 불가피하게 꽁꽁 묶여 있습니다. 그리고 각각의 전통은 어떤 특정한 철학사상에 의존하고 있습니다. 예를 들어 19세기의 대부분의 주석은 관념철학과 그 철학의 개념들 그리고 그 철학이 표방했던 인간 실존의 이해에 의존하고 있었습니다. 이와 같은 관념철학(idealistische Philosophie)의 개념들은 오늘날의 많은 주석가들에게 또한 여전히 영향을 미치고 있습니다. 그러므로 역사적, 주석적 연구는 그 주석을 이끌어가는 개념들에 대한 숙고 없이는 수행될 수 없고, 그 개념들에 대한 해명 없이는 주어질 수 없습니다. 다시 말하면 여기에서 성서주석을 위한 '정당한' 철학이 무엇인지에 대해 질문이 제기되는 것입니다.

3.

여기에서 모든 질문에 답변할 수 있고, 인간 실존의 모든 수수께끼를 풀어줄 수 있는 하나의 철학, 즉 전적으로 완벽한 체계라는 의미에서의 정당한 철학은 결코 존재하지 않는다는 사실이 명백하게 드러납니다. 우리가 질문하는 내용은 단순합니다. '오늘날의 어떤 철학이 인간 실존의 이해를 위한 가장 적절한 전망과 개념들을 제공해 줄 수 있는가?' 여기에서 우리는 실존철학(Existenzphilosophie)으로부터 배워야만 한다는 것이 나의 생각합니다. 왜냐하면 실존철학 학파는 인간 실존을 직접적인 탐구의 대상으로 삼기 때문입니다.

만약 실존철학이 – 많은 사람들이 인정하는 것처럼 – 인간 실존의 이상적인 모상(모형)을 제공하는 실제적인 시도라면, 우리는 이 철학으로부터 배울 것이 별로 없습니다. 실존철학은 원래적인 의미에서 인간 실존의 이상적인 모상을 제시하지 못합니다. 실존철학은 나에게 다음과 같이 말하지 않습니다. '당신은 이러이러한 방식으로 존재해야만 합니다' 실존철학은 다음과 같이 말할 뿐입니다. '당신은 실존해야만 합니다!' 심지어 여기에서 실존해야만 한다는 것이 하나의 보다 높은 요구일 수 있으므로 실존철학은 실존한다는 것이 원래 무엇을 의미하는지를 우리에게 보여줍니다. 실존철학은 '실존'(Existenz)으로서의 인간존재와 실존하는 것이 아니라 단지 우리 '눈앞에 있는'(vorhanden) 다른 모든 존재 사이를 구분함으로써 – '실존'이라는 단어의 전문적인 용법(용례)은 키르케고르(Søren Aabye Kierkegaard)에게로 소급됩니다. – 실존하는 것이 무엇을 의미하는지를 우리에게 보여주고자 시도합니다. 단지 인간들만이 하나의 실존을 소유하고 있습니다. 왜냐하면 오직 인간들만이 역사적인 존재이기 때문입니다. 즉, 각각의 개별 인간은 자기 스스로의 역사를 가지고 있습니다. 인간의 현재는 매번 과거로부터 와서 인간을 미래로 인도합니다. 인간이 매순간의 '지금'(Jetzt)이야말로 자유로운 결단의 순간이라는 사실을 스스로 자각하게 될 때, 인간은 자신의 실존을 실현하게 될 것입니다. 인간의 과거의 어떤 요소가 인간의 가치를 보존해 줄까요? 어떤 사람도 다른 사람을 대신하여 책임을 질 수 없습니다. 그렇다면 인간이 미래에 대해 책임져야만 하는 것은 어느 정도까지입니까? 어떤 사람도 다른 사람의 대리자가 될 수 없습니다. 왜냐하면 각자가 개별적으로 자기 스스로의 죽음을 죽어야만 하기 때문입니다. 그 누구도 다른 누군가를 대신하여 죽어 줄 수 없습니다. 각자는 자신의 고독 속에서 자신의 실존을 현실적으로 드러냅니다.

물론 나는 여기서 상세하게 실존을 분석할 수는 없습니다. 참다운 인간 실존은 오직 실존적인 실천 속에서만 형성될 수 있다는 사실을 실존철학이 보여주는 것으로 충분합니다. 실존철학은 인간에게 자신의 개인적인 실존에 대한 자기이해를 보증해 주는 것과는 거리가 멉니다. 왜냐하면 나 개인의 실존에 대한 이러한 자기이해는 단지 '여기'(hic)에서 '지금'(nunc) 나의 구체적인 상황 가운데서만 현실화될 수 있기 때문입니다. 실존철학은 나 개인의 실존에 대한 질문에 답변을 하지 않음으로 나의 실존을 나의 개인적인 책임이 되게 하며, 그렇게 함으로써 성서의 말씀을 향해 나를 개방시킵니다. 실존철학이 존재와 존재의 가능성들에 대한 실존적인 질문에 자신의 뿌리를 두고 있다는 것은 자명한 사실입니다. 실존철학 스스로가 전통적인 인간학과 같지 않다는 사실을 스스로의 실존적인 의식으로부터 깨닫고 그 사실을 전제하지 않는다면, 어떻게 실존철학이 실존에 관한 다른 인식을 개진할 수 있겠습니까? 여기에서 우리는 실존철학이야말로 성서주석을 위한 적합하고 적절한 개념들을 제공해 줄 수 있다는 결론을 내릴 수 있습니다. 왜냐하면 성서해석은 실존 이해와 관련되어 있기 때문입니다.

우리는 다시 한번 다음과 같은 질문을 제기하게 됩니다. '실존에 대한 실존주의적인 이해와 그 이해에 대한 실존주의적인 분석은 이미 어떤 특별한 이해를 위한 하나의 결단을 내포하고 있는가?', '확실히 그와 같은 결단을 내포하고 있다면, 그러한 결단은 어떤 결단을 의미하는가?' 나는 그와 같은 결단에 관해 이미 정당하게 말한 적이 있습니다. '당신은 실존해야만 한다'고 말입니다. 자신에 대한 책임감 안에서 인간이 되고자 하는 것, 즉 인격을 갖추고자 하는 이러한 결단과 준비가 없다면, 어떠한 인간도 자신의 인격적인 실존에 말을 걸어오는 성서의 말씀을 이해할 수 없습니다. 이러한 결단이 어떠한 철학적인 지식도 요구하지 않는 반면에, 학문적인 성서주석은 인간 실존의 성서적인 이해를 설명하기 위해 실존주의적인 개념들을 필요로 합니다. 그러므로 성서의 말씀을 듣는 것은 단지 인격적인 결단 가운데서만 발생할 수 있는 사건이라는 것이 명백합니다.

실존철학이 이상적인 실존의 모범을 제공하지 않는다는 것은 하나의 실례에서 입증될 수 있습니다. 실존주의적인 분석은 실존에 있어서의 개별적인 현상, 예를 들면 사랑의 현상을 묘사할 수 있습니다. 사랑에 대한 실존주의적인 분석이 내가 여기에서 지금 어떻게 사랑해야만 하는 가를 이해시킬 수 있다고 생각하는 것은 오해일 따름입니다. 실존주의적인 분석은 실제로 내가 사랑해야만이 사랑을 이해할 수 있다는 것을 설명하는 것 외에 달리 다른 어떤 역할도 수행할 수 없습니다. 실존주의적 분석이든 어떠한 분석이든 간에 나의 인격적인 실존 안에서의 만남을 통해 사랑을 이해하고자 하는 나의 직무를 대신할 수는 없습니다.

확실히 실존철학의 인간 실존에 대한 분석은 인간과 하나님 사이의 관계에 대해 고려하지 않고 인간 실존을 분석하는 것이 가능하다는 판단을 전제합니다. 하나님과의 관계 안에서 인간 실존을 이해한다는 것은 오직 나 자신의 개인적인 실존을 이해한다는 것을 의미합니다. 그리고 철학적인 분석은 나 자신의 개인적인 자기이해에 대해 배울 것을 요구하지 않습니다. 순수하게 형식적인 실존분석은 인간과 하나님 사이의 관계를 고려하지 않습니다. 왜냐하면 이러한 실존분석은 인간 삶의 구체적인 사건들과 인간 실존을 구성하는 구체적인 만남들을 고려하지 않기 때문입니다. 하나님의 계시가 단지 삶의 구체적인 사건들 가운데서 지금 여기에서 실제적인 것이 되고, 실존분석이 지금 여기에서 일련의 인간의 시간적인 삶에 국한되는 것이 사실이라면, 이러한 실존분석은 하나의 영역을 우리에게 드러내 보여줍니다. 이 영역은 하나님과 인간이 관계하는 영역으로서, 오직 신앙만이 하나님과 인간이 관계하는 이 영역을 이해할 수 있게 해줍니다.

인간의 실존이 하나님과의 관계를 고려하지 않고 분석될 수 있다는 판단, 이러한 판단을 하나의 실존적인 결단이라고 부를 수는 있습니다. 그러나 하나님과 인간 사이의 관계를 제거하거나 포기하는 것은 하나의 단순한 주관적인 편애 사안이 아닙니다. 이렇게 하나님과 인간 사이의 관계를 제거하거나 포기하려는 생각은, 만약 우리가 인간 실존에 대한 하나의 이론을 구성하려고 할 때 하나님이라는 관념이 우리의 마음이 내키는 대로 인간 실존의 대한 이론구성을 어렵게 만든다는 실존주의적인 통찰에 기초하고 있습니다. [하나님이 없으면 모든 것이 가능하지 않겠습니까?][25] 그리고 그러한 통찰을 넘어 그와 같은 판단은 이러한 관념이 단지 진리로서 받아들여지든 아니면 모순되는 것으로 거부되든 간에, 인간의 절대적인 자유라는 이상을 표방하고 있는 것입니다. 그러므로 우리는 또한 말할 수 있습니다. 하나님에 대한 인간의 관계를 제거하려는 시도는 내가 나의 외부를 바라보든 아니면 나의 내면을 바라보든 어떤 방식으로 나를 바라본다고 할지라도, 나 자신을 알고 있는 한에 있어서 내가 하나님을 발견할 수 없다는 것에 대한 인정을 의미합니다. 그러므로 실존분석의 중

---

25 괄호 안의 내용은 독자들의 이해를 돕기 위한 역자의 첨가.

립성은 하나님에 대한 인간의 관계성을 제거하는 것에 기초를 두고 있습니다. 실존철학은 인간과 하나님 사이의 관계를 고려하지 않습니다. 아무리 내가 나 자신의 내면을 들여다보고 성찰한다 할지라도, 나는 하나님에 관해 [하나님을 향하여][26] 나의 하나님이라고 고백할 수 없습니다. 하나님과 나의 인격적인 관계는 하나님에 의해만, 말씀 안에서 나와 만나주시는 하나님의 행동에 의해서만 실재가 될 수 있습니다.

---

26 괄호 안의 내용은 독자들의 이해를 돕기 위한 역자의 첨가.

행동하는 자로서의
하나님의 의미

Jesus Christus und
die Mythologie

1.

신약성서의 메시지가 우리에게 보여주는 것처럼 우리가 행동하는 분으로서의 하나님에 대해 말해야만 한다면, 사람들은 종종 비신화화를 지속적으로 수행하는 것은 불가능하다고 주장하기도 합니다. 행동하는 분으로서의 하나님에 대해 말하는 것 자체가 하나의 신화적인 찌꺼기라는 것입니다. 이러한 반론을 제기하는 사람들은 비신화화가 행동하시는 분으로서의 하나님에 관해 말하는 신약성서의 수많은 진술과 상충되기 때문에, 신약성서 안에 있는 대부분의 설교처럼 그리스도교의 설교 또한 항상 신화적인 형태로 유지되어야만 한다고 주장합니다. 그러나 과연 이와 같은 논리가 타당한 것일까요? 우리는 행동하시는 분으로서의 하나님에 대해 말할 때, 우리가 실제로 신화적으로 말하고 있는지 그렇지 않은지를 묻지 않으면 안 됩니다. 우리는 언제 그리고 어떠한 조건 하에서 이러한 진술이 신화적인지를 물어야만 하는 것입니다. 이제부터 우리는 하나님의 행위가 신화론적인 사고 안에서 어떻게 이해되는가를 생각해 보도록 합시다.

신화론적인 사고에 있어서 하나님의 행동은 자연 안에서건, 역사 안에서건, 인간의 운명 안에서건 또는 인간의 내면적인 영적 삶에서건 지금 발생하는 여러 사건들의 자연적, 역사적, 심리적 과정 속에 개입하는 하나의 행동으로 이해됩니다. 그리고 하나님의 행동은 사건들 속에 개입하여 그 사건들을 파괴하기도 하고 연결시키기도 합니다. 신적인 인과성은 인과관계를 따라 꼬리를 물고 발생하는 일련의 사건들 속에 그것을 연결시키는 하나의 연결고리로서 작용한다는 것입니다. 사람들은 통속적인 개념 하에서 하나의 기이한 사건을 기적으로 밖에는 달리 이해하지 않습니다. 즉, 이러한 기이한 사건을 초자연적인 원인에 의해 초래된 결과로 이해하는 것입니다. 그와 같이 사고함으로써 우리는 실상 하나님의 행동을 마치 우리가 세속적인 행위나 사건들을 생각하는 것과 같은 방식으로 사고합니다. 왜냐하면 기적들을 불러일으키는 신적인 권능은 하나의 자연적인 힘(권능)으로 간주되기 때문입니다. 실제로는 기적이라는 것이 하나님의 행동이라는 의미에서 세계내적인 사건의 지평 위에서 발생하는 사건으로 여겨질 수는 없는 것입니다. 하나님의 행동으로서의 기적은 사람의 눈에 보이는 것이 아니며, 그러기에 객관적이고 과학적으로 입증하기도 어렵습니다. 객관적이고 과학적인 입증은 단지 하나의 객관적인 세계관 안에서만 가능할 뿐입니다. 그러므로 과학적이고 객관적인 관찰자에게 하나님의 행동이란 하나의 신비인 것입니다.

비세상적이고 초월적인 행동으로서 하나님의 행동을 생각하는 것은 오직 그것이 세계내적인 행위들이나 세계내적인 사건들 사이에서 발생하는 행동이 아니라 세계내적인 행위들과 사건들 **안에서**[27] 발생하는 행동으로서 이해할 때만이 오해를 피할 수 있습니다. 자연적인 사건들과 역사적인 사건들 사이의 밀접한 관련성은 그것들 스스로가 자신의 객관적인 모습을 드러내는 것과 마찬가지로 관찰자에게도 역시 그 객관적인 모습을 드러냅니다. 그렇지만 하나님의 행동은 오직 신앙의 눈으로만 볼 수 있고, 신앙의 눈을 떠나서는 감추어져 있습니다. 소위 자연적이고, 세상적인 사건들만이 사람들에게 가시적이며 입증 가능합니다. 그러나 그러한 사건들 **안에**

---

27 굵게 표시한 부분은 독자들의 이해를 돕기 위한 역자의 강조.

서[28] 하나님의 감추어진 행동은 계속해서 일어나고 있습니다.

만약 지금 누군가가 이러한 의미에서 행동하는 자로서의 하나님 앞에서 신화적으로 말하는 입장을 고수한다면, 나는 어떠한 이의나 반론도 제기할 생각이 없습니다. 왜냐하면 이런 경우에 신화는 비신화화 이론이 취급하는 것과는 전적으로 다른 개념이기 때문입니다. 그러므로 이러한 경우에 우리는 아무런 이의 없이 그와 같은 견해를 받아들일 수 있다고 생각합니다. 앞에서 제기된 반론, 즉 우리가 행동하시는 하나님에 대해 말하는 것 자체가 하나의 신화가 아닌가에 대한 답변은 다음과 같습니다. 우리가 행동하시는 하나님에 대해 말할 때 우리는 객관적인 인과성 속에서 발생하는 세상적인 사건들과 관련지어 말하는 것이 아닙니다. 그러므로 우리가 행동하시는 하나님에 대해 말한다면, 우리는 객관적인 의미에서 신화적으로 말하는 것이 아닙니다.

2.

지금 또 하나의 다른 질문이 발생합니다. 신앙이 '하나님의 감추어진 행동이 세상의 사건들의 연결고리 속에서 발생한

---

28 굵게 표시한 부분은 저자 불트만의 강조.

다고 주장한다면, 신앙은 범신론적인 경건으로 간주되는 것이 아닌가?' 우리가 이러한 문제를 깊이 숙고할 때 우리가 하나님의 행동을 어떠한 의미로 이해해야만 하는가가 명백히 드러납니다. 신앙은 하나님의 행동과 세상의 사건들을 직접적으로 일치시킬 것을 주장하지 않습니다. 신앙은 오직 지금 여기에서 외관상의 불일치에도 불구하고 믿어질 수 있는 역설적인 일치를 주장할 뿐입니다. 신앙 안에서 나는 나와 마주치는 하나의 돌발적인 사건을 하나님의 은총의 선물로 이해하거나 또는 그의 징계하심이나 징벌로 이해할 수 있습니다. 다른 한편으로 동일한 사건을 사건의 자연적인 과정의 연쇄적인 연결고리(사슬) 안에서 하나의 구성요소로 파악할 수도 있습니다. 예를 들어 만약 나의 자녀가 치명적이고 위험한 질병으로부터 회복되었다면, 나는 나의 자녀를 구원해 주신 하나님께 감사드릴 것입니다. 신앙을 통해 나는 하나의 사유나 결심을 심리학적인 토대와 관련지어 해명하지 않고, 하나님께서 나에게 허락하신 하나의 신적인 영감으로 이해할 수 있습니다. 다시 예를 들면 내가 그것을 했을 당시 별로 중요해 보이지 않았던 하나의 결정이 이후 내 생애에 있어서 하나의 의미심장하고 결정적인 '전환점'으로 간주되는 경우가 있습니다. 이때 나는 이와 같은 결심을 나에게 불어넣어 주신 하나님께 감사드립니다. 창조주 하나님에 대한 이러한 사도신경적인 신앙고백은 내가 모든 사건들을 하나님에 의해 발생한 사건으로 이해하도록 만들기 위해 사전에 주어진 하나의 보장책이 아닙니다. 하나님을 창조주로 이해하는 것은 내가 나 자신을 지금 여기에서 하나님의 피조물로 이해할 때만 참된 것입니다. 나는 이러한 실존이해를 나의 자의식 안에서의 명백한 지식으로 모든 사람들에게 표현할 필요는 없습니다. 전능하신 하나님을 믿는다는 것은 어떤 경우에 있어서도 모든 것들을 행할 수 있는 한 분의 전능하신 분이 존재한다는 사실에 대한 미리 주어진 확신을 의미하는 것이 아닙니다. 전능하신 하나님을 믿는다는 것은 오직 그와 같은 신앙이 나의 실존 속에서 실현될 때, 그래서 그 결과 내가 지금 여기에서 나를 압도하는 하나님의 권능 앞에서 나 자신이 항복할 때에만이 참된 것입니다. 게다가 전능하신 하나님에 대한 신앙은 나의 자의식 속에서 이 신앙 자체를 분명한 지식으로 표현해야만 한다는 것을 의미하지 않습니다. 이것은 신앙의 진술이 일반적인 진술과 다르다는 것을 의미합니다. 예를 들자면 '세계는 온통 주님의 것이다'(Terra ubique domini)라는 마르틴 루터(Martin Luther)의 명제는 하나의 교의학적인 진술로서 참된 것이 아니라, 지금 여기에서 그 명제가 나의 실존의 결단 속에서 진술되었을 때 참될 수 있습니다. 내 생각에 이러한 구별은 오늘날 교의학적인 진술에 의심을 품게

된 사람들, 예를 들자면 러시아의 감옥 속에서 비참하게 고통받고 있는 사람들에 의해 잘 이해될 수 있을 것입니다.

우리는 실제로 범신론이 미리부터 주어져 있었던 하나의 확신이며, 이것에 따르면 하나님이 세계 속에 내주하고 계시기 때문에 이 세상에서 발생하는 각각의 개별적인 사건들이 모두 하나님의 행위라고 주장하는 하나의 일반적인 세계관이라고 결론지을 수 있습니다. 범신론에 대항하여 그리스도인은 하나님께서 지금 여기에서 나를 위해 행동하시고 나를 향하여 말씀하시고 있다는 사실을 믿습니다. 그리스도인은 이 사실을 분명히 믿습니다. 그리스도인은 하나님의 말씀, 즉 예수 그리스도 안에서 자신과 만나주시는 하나님의 은총에 의해 설복될 수 있음을 알고 있기 때문에 이 사실을 믿는 것입니다. 하나님의 은총은 그리스도인의 눈을 열어줍니다. 그래서 그리스도인은 "하나님께서는 그를 사랑하는 자들과 더불어 모든 것을 협력하여 선을 이루신다"(롬 8:28)라는 사실을 알고 있습니다. 이러한 신앙은 인간이 어떤 경우에도 쉽게 소유할 수 있는 지식이 아니며, 그렇다고 해서 하나의 일반적인 세계관도 아닙니다. 오직 지금 여기에서만 그와 같은 신앙은 현실화될 수 있습니다. 오직 신자가 지금 여기에서 하나님께서 말씀하신다는 사실을 항상 물을 때만이, 신앙은 하나의 살아있는 신앙이 될 수 있습니다. 일반적으로 신앙과 역사 안에서 하나님의 행위는 신자가 아닌 사람에게 감추어져 있는 신비인 것과 마찬가지로 신자에게도 감추어져 있는 신비입니다. 그러나 신자가 지금 여기에서 하나님이 자신과 만나주신다는 사실을 하나님의 말씀의 빛 안에서 아는 한, 신자는 하나님의 말씀을 하나님의 행동으로서 이해할 수 있고 또 그렇게 이해해야만 합니다. 범신론은 각각의 개별적인 사건과 관련하여 다음과 같이 말할 수 있습니다. '여기에 신적인 것이 활동하고 있다'고 말입니다. 그러나 범신론은 발생한 사건의 의미를 인간의 실존과 관련하여 설명하지 않습니다. 범신론에 반하여 그리스도교 신앙은 다음과 같이 말할 수 있을 뿐입니다. '나는 하나님이 여기에서 활동하고 계신 것을 믿습니다. 그러나 그의 행동은 감추어져 있습니다. 왜냐하면 하나님의 행동은 가시적인 사건과 직접적으로 일치하지는 않기 때문입니다. 나는 하나님께서 행하시는 것이 무엇인지를 아직 알 수 없습니다. 아마도 나는 앞으로도 그것을 결코 알지 못할 것입니다. 그러나 나는 하나님의 행동이 나 자신의 실존을 위해 중요하다는 사실을 확실히 믿고 신뢰합니다. 그래서 나는 하나님이 나에게 무엇을 말씀하시는지를 나 자신에게 물어야만 합니다. 아마도 하나님께서는 내가 참고 견디어야만 하고, 침묵을 지켜야만 한다고 말씀하실지도 모르겠습니다'

여기에서 어떤 결론이 도출될까요? 신앙 안에서 나는 세계 속에서 발생하는 사건들의 폐쇄회로적인 상관관계로서의 원인과 결과의 인과론적인 연결고리를 거부합니다. 세계 속에 발생하는 사건들이 자연적인 관찰자들에게는 인과론적인 것으로 보일지라도 말입니다. 이러한 인과론적인 관계의 파괴를 통해 초자연적인 사건들을 자연적인 사건들의 연결고리 안으로 끌어들이는 신화와 마찬가지로, 나는 세계에서 발생하는 사건들 상호 간의 인과론적인 관계를 부정하지 않습니다. 그러나 나는 하나님에 관해 말할 때 이러한 상호 간의 관계로서의 세계내적인 관계를 부정합니다. 나는 나 자신에 관해 말할 때 사건들의 세계내적인 인과관계를 부정합니다. 왜냐하면 세상 안에서 발생하는 사건들의 관계 안에서 나의 자아와 나 스스로의 실존과 나의 인격적인 삶은 행동하시는 하나님보다 더 가시적일 수 있는 것도 아니고 그렇다고 해서 더 잘 증명될 수 있는 것도 아니기 때문입니다.

신앙을 통해서 나는 자연과학적인 세계관이 세계와 인간 삶의 전 실재를 포괄하지 않는다는 것을 깨닫게 됩니다. 그렇다고 해서 신앙이 자연과학적인 진술을 수정하도록 만드는 다른 세계관을 자연과학에게 제공해 주는 것도 아닙니다. 오히려 신앙은 자연과학적인 세계관이야말로 세상 속에서 우리로 하여금 일을 해나감에 있어서 하나의 필수불가결한 수단이라는 사실을 인정하게 해줍니다. 게다가 자연과학적인 관찰자로서 뿐만 아니라 일상적인 삶에서도 나는 필연적으로 세상에서 발생하는 사건들이 원인과 결과로 연결되어 있는 것으로 보지 않을 수 없습니다. 그리고 그렇게 할 경우에 일상적인 나의 삶에서 하나님의 행동을 위한 어떤 공간도 남아 있지 않게 될 것입니다. 그러나 신앙은 '그럼에도 불구하고' 사물들의 자연적이거나 또는 역사적인 과정 안에서 완전하게 이해되는 하나의 사건을 지금 여기에서의 하나님의 행동으로서 이해하는 것입니다. 그리고 이것이야말로 신앙이 우리에게 선사하는 역설(Paradox)인 것입니다. 이러한 '그럼에도 불구하고'라는 말은 신앙으로부터 분리될 수 없습니다. 이 말은 시편 73:23에 나타나는데 독일어로는 '덴노흐'(dennoch)라는 단어입니다. 그리고 폴 틸리히는(Paul Tillich)는 '트로츠뎀'(Trotzdem)이라는 말을 사용했습니다.[29] '그럼에도 불구하고'라는 말은 신앙과 떼려야 뗄 수 없이 연결되어 있습니다. 오직 이것만이 참다운 기적신앙입니다. 사람들이 증명할 수 있는 사건으로 기적에 대해 말할 수 있다고 생각하는 자는 하나님께서 은밀한 방법으로 활동하신다는 사상을 부인하고 있는 것입니다. 그러한 자는 하나님의 행동을 객관적인 관찰

---

29   역자 주: 독일어 '덴노흐'(dennoch)와 '트로츠뎀'(trotzdem)은 모두 '그럼에도 불구하고'라는 뜻이다.

의 통제 아래에 예속시켜 버립니다. 그러한 자는 기적신앙을 자연과학의 비판에 내맡겨 버리고, 그렇게 함으로써 이와 같은 비판을 유효한 것으로 만들어 버립니다.

3.

여기에서 또 다른 하나의 질문이 제기됩니다. '만약 우리가 하나님의 행동을 숨겨진 행동으로서 생각해야만 한다면, 우리는 하나님의 행동에 대해 부정적으로 진술하는 방법 외에 달리 어떻게 하나님의 행동에 관해 말할 수 있는가? 초월이라는 관념은 전적으로 부정적인 관념인가?' 하나님에 관해 말한다는 것이 또한 우리 스스로의 실존에 대해 말하는 것을 의미하지 않는다면 그렇게 생각할 수도 있을 것입니다. 만약 우리가 행동하는 자로서의 하나님에 대해 일반적으로 말한다면, 초월은 실제적으로 하나의 순수한 부정적인 관념이 될 것입니다. 왜냐하면 초월에 대한 각각의 개별적인 묘사는 초월적인 것을 이 세상 속으로 옮겨 가게 하여 세상적인 것으로 바꾸어 놓을 것이기 때문입니다. 일반적으로 인간 실존의 형식적인 분석에 대한 표현들과 더불어 행동하시는 하나님에 대해 말하는 것은 잘못된 것입니다. 일반적인 표현들을 통해서 우리의 인격적인 실존에 대해 말하는 것이 불가능하다는 사실을 보여주는 것은, 정확히 말하자면 다름 아닌 인간 실존에 대한 형식적이고 실존적인 분석인 것입니다. 나는 오직 지금 여기 내 삶의 구체적인 상황 가운데서만 나 개인의 인격적인 실존에 관해 말할 수 있을 뿐입니다. 하나님이 나에게 생명과 실존을 선물하는 능력(힘)이라는 사실을 말할 수 있는 한, 그리고 내가 이러한 행동들을 나의 개인적인 결정을 요구하는 만남으로 묘사하는 한, 일반적인 표현들을 통해 하나님에 대한 관념과 하나님의 행위가 표현될 수 있습니다. 그렇게 함으로써 나는 일반적인 명제들 안에서 하나님의 행동에 관한 진술이 불가능하다는 사실을 인정하게 됩니다. 나는 단지 하나님께서 지금 여기에서 나에게 행동하시는 것에 대해서만 말할 수 있을 뿐입니다. 물론 우리가 하나님에 대해 일반적인 단어들과 더불어 말하지 못하고 오히려 지금 여기에서 우리에게 행하시는 하나님의 행동에 대해 말해야만 한다면, 우리는 일반적인 개념이나 표상들을 사용하여 하나님에 대해 말해야만 합니다. 왜냐하면 우리의 모든 언어는 항상 개념들이나 표상들을 사용하기 때문입니다. 그러나 우리가 일반적인 표상들이나 언어들을 사용하여 하나님에 대해 말한다고 해서 그러한 진술들이 일반적인 명제들의 성격을 가진다는 뜻은 아닙니다.

4.

지금 우리는 신화적인 표현방법으로 전락하지 않고 하나님의 행동에 관해 말할 수 있는지 없는지를 다시 한번 질문할 수 있습니다. 그리스도교의 신앙언어, 즉 그리스도교의 신앙을 표현하는 언어는 필연적으로 신화의 언어라고 종종 주장하는 이들이 있습니다. 이러한 주장은 신중하게 검토되지 않으면 안 됩니다.

첫째, 비록 신앙의 언어가 실제로 신화의 언어라는 것을 우리가 시인한다 할지라도, 우리는 어떻게 이러한 사실이 비신화화 이론의 프로그램에 영향을 주는지를 질문해야만 합니다. 이를 인정하거나 승인하는 것이 결코 비신화화 이론에 반대하는 타당한 논거가 될 수 없습니다. 왜냐하면 신화적인 언어들이 신앙의 언어들로 사용될 때, 그 언어들이 가지는 신화적인 의미를 상실하기 때문입니다. 예를 들면 하나님을 창조주로 말하는 것은 더 이상 고대 신화의 의미에서 창조자의 존재에 대해 말하는 것을 의미하지 않습니다. 신화적인 개념이나 표상들은 아마도 종교적인 언어에 있어 필수불가결한 상징들이나 형상(그림언어)들로 사용될 수 있으며, 따라서 그리스도교의 신앙언어에 있어서도 동일하게 사용될 수 있습니다. 그러므로 신화적인 언어의 사용은 비신화화에 대한 반대나 반증이 될 수 없습니다. 오히려 신화적인 언어의 사용은 비신화화를 적극적으로 요청하고 있다는 사실이 명백해질 뿐입니다.

둘째, 신앙의 언어가 신화의 언어를 필요로 한다는 주장은 그러한 주장이 보다 더 상세하게 논증될 때라야 비로소 입증될 수 있습니다. 만약 신화적인 개념들이 상징들이나 또는 형상들을 사용하는 것이 불가피하다면, 우리는 그와 같은 상징들이나 형상들을 통해 무엇이 표현되는지를 질문해야만 합니다. 신앙언어에 있어서 그 의미가 신화적인 개념이나 표상들을 통해 표현되어야만 한다는 것은 확실히 불가능한 일입니다. 신화적인 용어들을 사용하지 않고도 우리는 신앙언어의 의미를 말할 수 있고 말해야만 합니다.

셋째, 하나님의 행동에 관해 말하는 것 역시 필연적으로 상징들이나 형상들 안에서 말하는 것을 의미하지는 않습니다. 상징들이나 형상들과 같은 언어는 그것에 대한 전체적이고 직접적인 의미를 전달해 줄 수 있어야만 합니다. 만약 우리가 우리의 언어를 신화적인 언어로 이해하는 것을 거부한다면, 어떻게 우리가 하나님의 행동에 대해 말할 수 있겠습니까? 하나님의 행동은 나 자신이 하나님의 행동 안으로 끌려 들어가지 않는다면, 그리고 나 자신이 하나님에 의해 행동하는 자로서 그 사건에 참여하지 않는다면, 내가 인지할 수 있는 하나의 사건이 될 수 없습니다. 다시 말하면 행동하시는 하나님에 대해 말하는 것은 개인적인 실존의 사건들을 포함하고 있는 것입니다. 하나님과의 만남은 단지 지금 여기에서만 인간을 위한 하나의 사건이 될 수 있습니다. 왜냐하면 인간은 시간과 공간의 제약 속에서 살고 있기 때문입니다. 우리가 행동하시는 하나님에 대해 말한다는 것, 그것은 우리가 하나님과 대면하고 있다는 것이고, 우리가 하나님으로부터 말씀을 듣고 질문을 받고 있다는 것이며, 우리가 하나님으로부터 심판을 받고 있거나 축복을 받고 있다는 것을 의미합니다. 그러므로 이러한 표현은 상징들이나 형상들을 사용하여 개진하는 표현들이 아니고 하나의 유비적인 표현방식입니다. 왜냐하면 우리가 이러한 방식으로 행동하시는 하나님에 대해 말할 경우에 우리는 하나님의 행동을 인간들 사이에서 발생하는 행동에 대한 하나의 유비 내지는 상응으로 이해하기 때문입니다. 그렇습니다. 우리는 하나님과 인간 사이의 사귐을 인간과 인간 사이의 사귐에 대한 하나의 유비로서 생각합니다. 이러한 유비적인 의미에서 우리는 하나님의 사랑에 관해, 즉 인간에 대한 그의 보살피심(Fürsorge)에 관해 그리고 그의 계명과 그의 진노 그리고 그의 약속과 은총에 관해 말합니다. 그리고 이러한 유비적 방식으로 우리는 하나님을 아버지라고 부릅니다. 우리가 그렇게 말하는 것은 정당할 뿐만 아니라 우리는 그렇게 말해야만 합니다. 왜냐하면 우리는 지금 하나님에 대한 관념을 말하는 것이 아니라 하나님 자신에 대해 말하고 있기 때문입니다. 그러므로 하나님의 사랑 또는 하나님의 보살피심은 표상들이나 상징들이 아닙니다. 이러한 하나님의 사랑이나 또는 하나님의 보살피심에 관한 개념들은 지금 여기에서 행동하시는 하나님에 대한 실제적인 경험들을 의미합니다. 특히 아버지로서의 하나님 표상에는 이미 오래전에 그 신화론적인 의미가 사라져 버렸습니다. 우리가 우리의 아버지에 대해 말할 때, 또는 우리의 자녀들이 그들의 아버지인 우리에게 아버지라고 말할 때 어떤 의미가 있는지를 숙고함으로써 우리는 하나님에게 사용하는 '아버지'라는 말의 의미를 이해할 수 있습니다. 하나님에게 적용된 아버지라는 말의 육체적인 의미는 완전히 사라져 버렸습니다. 여기서 아버지라는 말은 단지 하나님과 우리 사이의 순수한 인격적인 관계를 표현할 뿐입니다. 우리가 아버지로서의 하나님에 관해 말한다면, 그것은 유비적인 의미로 그렇게 말하는 것입니다.

이러한 관점으로부터 몇 가지 중요한 개념들이 도출됩니다. 첫째, 하나님과 인간 사이의 실존적인 관계를 표현하는 하나님에 관한 진술들만이 적법하다는 것입니다. 하나님의 행동들을 우주적인 사건으로 묘사하는 진술들은 정당한(적법한) 것이 아닙니다. 하나님을 창조주로서 주장하는 것은 일반적인 의미에서 세상의 창조자(creator mundi)로서의 하나님에 관한 이론적인 진술일 수 없습니다. 그와 같은 주장은 단지 내 자신이 피조물로서 나의 실존을 하나님께 의존하는 존재라는 하나의 개인적인 신앙고백이 될 수 있을 뿐입니다. 그와 같은 신앙고백은 하나의 중립적인 단언이나 고백일 수 없습니다. 이러한 신앙고백은 감사와 헌신 가운데서만 고백될 수 있는 단언(斷言)인 것입니다. 게다가 하나님의 행동을 제의적인 행위들로 묘사하는 그와 같은 진술들이 순수하게 상징적인 방식으로 이해되지 않는다면 정당한(적법한) 진술이 될 수 없습니다. 예를 들면 하나님이 그의 아들을 화목제물로 내어주셨다는 것과 같은 진술은 상징적인 방식으로 이해되어야만 하는 것입니다. 둘째, 소위 하나님을 행동하는 자로서 묘사하는 표상들은 그와 같은 표상들이 하나님을 인간들 가운데에서 행동하시는 인격적인 분으로 간주하는 한에 있어서만 적법하다는 것입니다. 그러므로 이러한 이유로 인해 하나님에 대한 정치적이고 법률적인 표상들은 그것들이 오직 상징들로서 이해될 때에만 허용될 수 있습니다.

5.

이러한 관점에서 하나의 중대한 이의가 제기됩니다. '만약 위에서 언급한 내용들이 타당하다면 하나님의 행동의 객관적인 실재 내지는 현실성은 상실될 것이며, 하나님의 행동은 하나의 순수 주관적인 심리학적 경험으로 전락하게 되지 않겠는가'라는 점입니다. 하나님이 신자들의 외부에도 존재한다면 신앙은 하나의 진정한 의미를 가질 수 있겠지만, 하나님이 단지 인간의 내적 영혼의 한 과정에 불과하다면 그것은 단지 하나의 순수한 심리학적인 경험이 아니고 무엇이겠습니까? 이와 같은 반론들이 항상 계속해서 제기되어 왔던 것입니다. 그리고 슐라이어마허(Friedrich Daniel Ernst Schleiermacher)와 포이어바흐(Ludwig Andreas von Feuerbach)의 짙은 암영들이 이러한 논쟁 사이에 드리워져 있습니다. 심리학적인 경험은 실제로 제1차 세계대전 이전에는 독일신학에서 하나의 유명한 신학적 슬로건이었습니다. 그래서 신앙은 종종 경험으로 간주되었습니다. 그리고 이러한 슬로건에 대항하여 칼 바르트(Karl Barth)와 소위 '변증법적인 신학자들'은[30]

---

30   역자 주: 변증법적 신학(dialektische Theologie)이라는 말은 바르트의 『로마서 주석』 제2판(Römerbrief, 2.Auflage)으로부터 유래한 말이다. 절대 타자(Der ganz Andere)로서의 하나님은 인간과 이 세계에 대해서 변증법적인 관계에 놓여 있다는 것이다. 바르트는 이러한 변증법적 사고를 덴마크의 철학자 키르케고르(Søren Aabye Kierkegaard, 1813-1855)로부터

맹렬한 공격을 퍼부었던 것입니다.

그러나 우리가 하나님에 대해 말하는 것이 우리 스스로
의 실존에 관해 말하는 것을 의미한다고 했을 때, 그것은 변

배우고 수용했다. 그렇다면 바르트가 말하는 하나님과 인간, 하나님과 세
계 사이의 변증법적인 관계란 무엇인가? 하나님은 이 세계와 무한한 질적
차이 속에 계시는 분이라는 것이다. "하나님은 하늘에 계시고, [인간] 너
는 땅에 있다"(Gott ist im Himmel und du auf Erden). 그러므로 하나님
과 세계는 질적으로 다르며, 양자 사이에는 건널 수 없는 심연이 가로놓
여 있다. 인간과 세계에 대해 무한한 질적 차이 속에 계시는 하나님은 인
간 및 이 세계와 변증법적으로 관계하실 뿐이다. 하나님은 예수 그리스
도 안에서 인간과 이 세계와 관계하여 만나시지만, 이 세상에 속하시는 분
이 아니며, 이 세상이 소유할 수 있는 분이 아니다. 즉, 하나님은 오직 그
리스도 안에서 세상과 관계하시지만, 그렇다고 해서 세상에 속한 분이 아
니기에, 세상은 하나님을 소유할 수 없다. 그렇게 함으로써 하나님은 세계
와 인간에 대해서 무한한 질적 차이를 가지신 분으로 언제나 세계와 인간
에게 타자가 되신다는 것이며, 인간과 이 세상은 하나님의 불꽃같은 심판
의 대상이라는 사실을 강조함으로써, 바르트는 자신의 당대에 인간의 종
교경험(Religionserfahrung)과 인간이 건설하는 문명과 문화를 하나님나
라(Gottes Reich)와 동일시하는 알브레히트 리츨(Albrecht Ritschl)의 '개
신교자유주의신학'(Protestantische Liberale Theologie), 즉 '문화개신교
주의'(Kulturprotestantismus)에 대한 심판과 사망을 선고했던 것이다. 바
르트는 자신의 변증법적 신학을 통해서 하나님과 세계에 대한 질적 차이
와 긴장을 유지시키고 있다. 그러므로 하나님이 세계와 인간과 관계하시
지만 관계하시지 않는다는 이러한 역설(Paradox)을 표현하는 초기 바르트
의 신학적 술어가 바로 변증법적 신학이다(Römerbrief, 1922, 2. Auflage,
XIII). 그래서 변증법적 신학은 인간과 이 세계에 대항한 하나님의 '부
정'(Nein)과 예수 그리스도를 통한 하나님의 '긍정'(Ja)을 결합시킨다. 그렇
게 함으로써 하나님과 세계, 하나님과 인간, 하늘과 땅, 영원과 시간, 계시
와 역사, 이 양자는 변증법적인 긴장 속에서 서로의 차원을 유지하면서 서
로가 서로를 추동한다. 그럼에도 불구하고 하나님과 인간, 하늘과 땅, 영
원과 시간, 계시와 역사는 서로 뒤섞이거나 중재되지 않으며 양자의 긴장
은 그대로 유지된다. 초기 바르트의 이러한 견해에 대해서 에두아르트 투
루나이젠(Eduard Thurneysen), 에밀 브룬너(Emil Brunner), 프리드리히
고가르텐(Friedrich Gogarten) 등이 동의했으며, 이들을 바르트와 함께 변
증법적인 신학자들이라고 부른다.

증법적인 신학자들의 반론과는 다른 의미로 사용됩니다. 내가 위에서 짧게 요약한 그와 같은 반론은 영적 삶에 관한 심리학적인 오해라는 질병을 앓고 있는 것입니다. 신앙이 하나의 순수한 심리학적인 사건으로 해석되는 경우가 아니라면, 우리는 하나님에 대해 말하는 것이 곧 나 자신에 대해 말하는 것이라는 견해를, 하나님께서 오직 믿는 자들의 내면에만 계시며 믿는 자들의 바깥에 계시는 분은 아니라는 논리로 이해하면 안 되는 것입니다. 우리가 그와 같은 인생의 만남들 가운데서 구체적인 상황들과 사건들을 통해 자신의 실제성을 소유하는 하나의 참된 역사적인 존재로서의 인간을 명백하게 이해한다면,[31] 한편으로 하나님의 행동에 대해 고백하는 신앙이 실제가 아니라 환영에 불과하다는 반론에 대항하여 스스로를 변증할 수 있습니다. 신앙은 하나의 심리학적이고 주관적인 사건이 아니라는 사실은 명백합니다. 신앙이란 하나님의 말씀인 성서와의 만남으로부터 일깨워지며, 그 하나님의 말씀에 대한 단순한 귀 기울임이라고 말하는 것으로 충분하지 않을까요? 이러한 질문에 대한 대답은 긍정적인 것입니다. 그러나 이와 같은 '긍정'(Ja)의 답변은 성서가 단지 교의학 교과서로서만 이해되지 않을 때, 그리고 성서가 나

---

31 인간은 세계역사의 과정이라는 그물망에 걸려 있는 한에 있어서 하나의 역사적인 존재일 뿐만 아니라 특별히 그 자신의 개인적인 역사를 소유하고 있다는 측면에서 하나의 역사적인 존재인 것이다.

의 동감과 감정이입을 통해 해석한 신앙에 대한 증언자료로서 이해되지 않을 때에만 유효하고 타당한 것입니다. 이와는 반대로 성서의 말씀을 하나님의 말씀으로 듣는다는 것은 그 말씀을 **케리그마**(kerygma),[32] 즉 선포로서 나에게 말을 걸어오는 하나님의 말씀으로 귀 기울인다는 것을 의미합니다. 이러한 경우에 나의 이해는 가치중립적일 수 없으며, 이는 오히려 하나님의 부르심에 대한 나의 응답을 의미합니다. 우리는 성서의 말씀이 하나님의 말씀이라는 사실을 객관적으로 설명할 수는 없습니다. 그것은 지금 여기에서 발생하는 하나의 사건인 것입니다. 하나님의 행동이 어디에서나 숨겨져 있는 것처럼, 하나님의 말씀은 성서 안에 감추어져 있습니다.

나는 역사적인 삶으로서의 우리의 삶의 본질을 형성하는 '만남'이라는 사건으로부터 신앙이 성장한다고 말한 적이 있습니다. 만약 우리가 우리 삶에서 발생하는 단순한 사건들에 대해 깊이 생각해 본다면, 우리는 그 말의 의미를 신속하게 이해할 수 있을 것입니다. 내 친구에 대한 사랑, 내 아내에 대한 사랑, 내 자녀들에 대한 사랑은 지금 여기에서만 또 하나의 사건으로서 진실되게 나와 만납니다. 사람들은 그와 같은 사랑을 객관적 방법으로 관찰할 수 있는 것이 아닙니다. 사람들은 단지 개인적인 경험과 응답 안에서 그러한 사랑과

---

32 굵게 표시한 부분은 저자 불트만의 강조.

만나게 될 뿐입니다. 그와 같은 사랑은 외부로부터의 심리학적인 관찰을 통해 인식될 수 있는 것이 아닙니다. 그와 같은 사랑은 단지 여러 가지 해석을 허용하는 심리학적인 과정들에 대한 하나의 흥미로운 부분으로서 인식될 수 있을 뿐입니다. 그러므로 이러한 사실로 미루어 볼 때 오직 신앙만이 하나님을 볼 수 있고 파악할 수 있을 뿐입니다. 그러나 하나님이 오직 신앙에 의해서만 파악될 수 있다는 사실이 하나님께서 신앙의 영역 바깥에 존재하지 않는다는 말은 아닙니다.

그럼에도 불구하고 우리는 하나님에 대한 신앙의 주장들이 객관적으로 증명될 수는 없다는 것을 염두에 두어야만 합니다. 신앙이 객관적인 방식으로 증명될 수 없다는 것은 신앙이 가지는 하나의 약점이 아닙니다. 나의 교의학 선생이었던 빌헬름 헤르만(Wilhelm Hermann)[33]이 정당하게 주장했던

---

33 빌헬름 헤르만(Wilhelm Hermann, 1846–1922)은 문화개신교주의자이며 자유주의신학의 거두인 알브레히트 리츨(Albrecht Ritschl)의 제자 가운데 한 명이다. 헤르만은 1877년 독일 할레(Halle)대학의 사강사(Privatdozent)를 거쳐 1879년부터 마르부르크(Marburg)대학의 정교수(Ordentlicher Professor)가 되었다. 칸트(Immanuel Kant)와 자신의 스승 리츨의 영향을 받은 그는 하나님을 '선의 능력'으로 보는 독일 관념론(Deutscher Idealismus)의 전통에 서 있었다. 헤르만은 예수를 모든 인간이 본받아야만 하는 인간모범의 전형이라고 가르쳤다. 헤르만은 예수가 존재하지 않았다 할지라도, 복음서에서 예수를 통해 가르쳐진 가르침은 여전히 유효하다고 주장했다. 헤르만은 자신의 스승 리츨과 더불어 신칸트학파(Neo-Kantianismus)에 영향을 받은 한 사람의 신학자로서 '변증법적 신학'(dialektische Theologie)을 개진했다. 그는 신에 대해 변증법적인 방법으로 진술하고자 했다. 즉, '독단적인 것'과 '비판적인 것', '예'와 '아니요', '드러나는 것'과 '감추어진 것', '객관성'과 '주관성'이라는 두 개의 상반되는

것처럼, 이것은 신앙이 가지는 진정한 강점입니다. 세계의 상황들 안에서 주체(Subjekt)와 객체(Objekt) 사이의 관계가 논증될 수 있는 것처럼, 신앙과 하나님 사이의 관계도 그와 같은 방식으로 논증될 수 있다면, 하나님은 합법적으로 증명을 요구하는 이 세계의 대상들과 동일한 지평 위에 놓이게 되는 것입니다.

그렇다면 우리는 하나님께서 구원 사건을 통해 자기 스스로를 '증명하고 있다'고 말할 수 있을까요? 우리는 결코 그렇게 말할 수 없습니다. 우리가 구원 사건들이라고 부르는 것은 그 사건들 자체가 신앙의 대상일 뿐입니다. 그와 같은 사건들은 오직 신앙의 눈을 통해서만 구원 사건들로 인식될 수 있습니다. 신앙은 실제로 자연과학들이 기초하고 있는 것처럼 경험적인 관찰로 접근할 수 있는 그와 같은 방식에 근거할 수 없습니다. 구원 사건들은 신앙 밖에서, 신앙과 무관하게 인식될 수 없습니다. 물론 구원 사건들은 신앙의 바탕과 토대가 됩니다. 그러나 구원 사건들이 신앙 자체에 의해 인식될 때라야 비로소 그와 같은 역할을 수행할 수 있습니다.

개념들을 변증법적으로 대립시킬 때에만 신에 관해 정당하게 말할 수 있다고 주장했다. 그리고 헤르만은 하나님에 대한 종교적인 경험을 강조했던 바, 하나님 체험(Gottes Erfahrung)은 인간의 내면에서 발생한다는 점을 강조했다. 칼 바르트(Karl Barth)와 루돌프 불트만(Rudolf Bultmann) 그리고 존 그레샴 메이첸(John Gresham Machen) 등은 헤르만의 유명한 제자들이다. 바르트와 그를 따랐던 변증법적 신학자들 그리고 메이첸은 훗날 헤르만의 자유주의신학을 강력하게 비판하는 비판자들이 되었다.

이러한 원리는 우리의 인격과 인격 사이의 만남에 있어서도 동일하게 적용됩니다. 내 친구에 대한 나의 신뢰는, 내가 그를 신뢰할 때에만 인식할 수 있는 내 친구의 인격에 의존할 수 있을 뿐입니다. 이것은 우리에게 하나의 모험이고 위험입니다. 우리가 이러한 모험과 위험을 감수하지 않는다면 우리에게 어떠한 신뢰도 어떠한 사랑도 존재할 수 없습니다. 빌헬름 헤르만이 우리에게 가르쳤던 것처럼 신앙의 근거와 대상이 동일하다는 것은 옳은 말입니다. 신앙의 근거와 대상은 하나이며 동일한 것입니다. 왜냐하면 우리는 하나님께서 자기 자신 안에서 어떤 분인지에 대해 말할 수 없으며, 단지 그가 우리에게 그리고 우리와 더불어 무엇을 행하시는지에 대해서만 말할 수 있을 뿐이기 때문입니다.

6.

우리는 지금 하나의 또 다른 질문에 답변할 수 있습니다. 명심하십시오, 하나님의 행동은 우리 눈에 보이지 않는 것이며 그러기에 증명될 수 없다는 사실을! 구원 사건들은 논증될 수 있는 성질의 것들이 아닙니다. 그리고 신자들에게 선물로 주어진 성령 또한 객관적으로 관찰될 수 없습니다. 명심하십시오, 우리 자신의 실존과 관련해서도 우리는 단지 지금 언급한 것들에 관해서만 말할 수 있다는 사실을! 그리고 난 다음에라야 신앙이란 개인적인 실존에 대한 하나의 새로운 이해를 의미하는 것이라고 말할 수 있습니다. 다르게 표현한다면, 하나님의 행동은 우리에게 우리 자신에 대한 하나의 새로운 이해를 제공해 준다고 말할 수 있습니다.

여기에서 하나님의 계시사건은 단지 우리 자신에 관한 이해를 우리에게 제공해 주는 원인일 뿐이며, 이러한 원인은 우리 삶 속에 작용하여 우리의 삶을 변화시키는 하나의 행동으로서 간주될 수 없다는 반론이 제기될 수 있습니다. 간단히 말하자면 계시는 기적으로 간주될 수 없습니다. 즉, 발생한 것은 인간의 자기이해와 자의식의 변화 외에는 아무것도 없다는 반론이 꼬리를 물고 이어집니다. 만약 한번 인식된 진리가 이해의 원인이 되는 계시와는 아무런 관계없이 유효하고 타당하다는 사실을 인식하게 되면, 자기이해의 내용은 영원한 무시간적인 진리가 되는 것입니다.

이러한 반론은 내가 위에서 지적했던 하나의 혼란에 그 근거를 두고 있습니다(제5장, 3을 참조하기 바람). 즉, 스스로의 실존에 대한 자기이해가 인간에 대한 철학적인 분석과 혼동되고 있는 것입니다. 여기서 실존적인 이해가 실존주의적인 이해와 혼동되고 있는 것입니다. 우리는 실제로 철학적인 분석으로부터 적절하게 말할 수 있는바, 이러한 철학적인 분석들을 진술하는 것은 무시간적으로 시간에 구애받지 않습니다. 언제나 참된 것이 아니며 순간의 질문들에 대한 답변도 아닙니다. 그러나 철학적인 인간분석, 즉 인간에 대한 실존주의적인 이해는 곧 다음과 같은 사실을 우리에게 보여줍니다. 곧 인간의 자기이해, 즉 인간 자신에 대한 실존적 이해는 단지 지금 여기에서만 나 스스로의 자기이해로서 현실화될 수 있다는 사실을 보여주는 인간에 대한 철학적인 분석인 것입니다. 이와 같은 철학적인 분석은 인간의 실존이 추상적으로 의미하는 것이 무엇인지를 보여줍니다. 그와는 반대로 실존적이고 인격적인 자기이해는 실존이 추상적으로 무엇을 의미하는가를 말해 주는 것이 아니라, 여기 그리고 지금(Hier und Jetzt)이라는 순간 속에서 나의 삶을 구체적인 인격으로서 지시하고 있는 것입니다. 그것은 나의 자아와 타인에 대한 나의 관계를 동시에 이해하는 하나의 이해행위라고 하겠습니다.

그와 같은 실존적이고 인격적인 이해는 자의식의 지평 위에서 발생해서는 안 됩니다. 그리고 자의식의 지평 위에서 그런 일이 발생하는 경우도 매우 드뭅니다. 그러나 그와 같은 인격적인 자기이해는 우리의 모든 염려와 배려, 그리고 우리의 야망과 기쁨과 불안을 지배하고 그것들에 영향을 미칩니다. 비록 우리가 그와 같은 사실을 의식하고 있지 못한다고 할지라도 말입니다. 그렇습니다. 이러한 인격적인 자기이해는 모든 개별적인 상황 안에서 검증되며 물음 앞에 서게 됩니다. 내 생의 과정 속에서 나의 자기이해는 부적절한 것으로 판명되거나, 아니면 그와 같은 자기이해보다 더 넓은 경험들과 만남들에 의해 보다 더 명백해지고 깊어질 수 있습니다. 나의 삶이 절망적인 어두움으로부터 행복의 광명으로 인도될 때나, 아니면 내가 그 반대의 경험을 하게 되었을 때에도 이러한 변화는 근원적인 자기비판으로부터 오거나 아니면 무의식 중에 발생할 수 있습니다. 결정적인 만남들에서 나는 나에게 선사되는 사랑의 결과물로서 하나의 전적으로 새로운 자기이해를 얻을 수 있습니다. 예를 들자면 내가 결혼하거나 또는 하나의 새로운 친구를 얻게 될 때가 이런 경우입니다. 또한 어린아이와 같은 경우에 그 자신이 어린아이로서 자신의 부모와 관계하며, 그러기에 자신의 부모와 하나의 특별한 관계를 가지고 있는 경우에 그와 같은 자기이해를 무의식적으로 보여줍니다. 어린아이의 자기이해는 부모에 대한 자신의 사랑과 신뢰, 자신의 안전감과 감사 등에 의해 표현됩니다.

　나 자신의 실존에 있어서 나는 나의 환경으로부터 이탈될 수 없으며, 나 자신의 과거나 미래로부터도 이탈될 수 없습니다. 내가 사랑을 통해 하나의 새로운 자기이해를 얻었을 때 나의 환경이나 과거나 미래로부터 이탈된 하나의 심리학적인 의식이 발생하는 것이 아니라, 나의 전체 상황에 대한 변혁이 발생하게 되는 것입니다. 내가 나 자신을 이해함으로써 나는 다른 사람들을 이해하게 되고, 동시에 전 세계가 하나의 새로운 성격을 얻게 됩니다. 나는 이 세계를 새로운 빛 가운데서 보게 되며, 그래서 우리는 이것이 새로운 세계라고 말할 수 있습니다. 나는 나의 과거와 나의 미래에 대한 새로운 통찰을 얻게 됩니다. 나는 새로운 요구들을 인식하고 만남을 위한 새로운 방식에 나 자신을 개방합니다. 나의 과거와 미래는 달력과 시간표가 지시하는 것과 같은 순수한 이론적인 시간 그 이상의 것입니다. 이제 내가 이러한 자기이해를, 모두를 위해 단 한번 받아들이는 확신으로서의 무시간적인 진리로 소유할 수 없다는 사실이 명백해졌습니다. 나의 새로운 자기이해는 이미 그 본질을 매일매일 새롭게 갱신해야만 합니다. 그렇게 함으로써만이 나는 나 자신의 자기이해 속에 내재되어 있는 명령을 또한 이해하게 됩니다.

필수불가결한 자기갱신(Mutatis mutandis)과 더불어 우리는 여기에서 갈라디아서 5:25을 인용할 수 있습니다.

"우리가 성령으로 말미암아 생명을 얻었다면 성령의 인도하심 안에서 살아가야만 합니다!"

이 말씀을 우리가 하나님의 말씀과 마주쳤을 때의 응답이라고 할 수 있는 신앙에 의한 자기이해에 실제로 적용할 수 있습니다. 신앙 안에서 인간은 자기 자신을 새롭게 이해합니다. 그래서 마르틴 루터(Martin Luther)는 자신의 로마서주석에서 다음과 같이 말했습니다.

> 하나님께서는 자기 자신을 나타내심으로, 우리로 하여금 우리 자신의 내면으로 침잠할 수 있도록 해주십니다. 그리고 하나님께서는 우리에게 그분 자신을 알게 해주심으로, 우리로 하여금 우리 자신을 알게 해주십니다.

신앙 안에서 인간은 자기 자신을 항상 새롭게 이해합니다. 이러한 새로운 자기이해는 예수 그리스도 안에서 자신의 행동을 선포하시는 하나님의 말씀에 대한 끊임없는 응답(답변)으로서만 보존될 수 있습니다. 인간의 일상적인 삶 가운데서도 새로운 자기이해로서의 동일한 자기이해가 발생합니다. 인간과 인간 사이의 새로운 만남으로부터 발생하는 그와 같은 새로운 자기이해는 인간과 인간의 관계가 계속해서 존립할 때라야 유지될 수 있습니다. '하나님의 인자하심은 날마다 새롭다'라는 말은 내가 그 사실을 날마다 새롭게 인식할 경우에 긍정할 수 있는 말입니다. 왜냐하면 그와 같은 사실은 하나의 수학명제처럼 무시간적인 진리가 아니기 때문입니다. 나 자신이 매일 새롭게 될 때라야 매일 새롭게 다가오는 하나님의 인자하심에 대해 말할 수 있습니다.

이러한 사고는 내가 위에서 언급한 갈라디아서 5:25에 나타나는 바울의 직설법과 명령법의 역설적인(paradox) 병렬관계 위에 거듭 빛을 던집니다. 지금 우리는 직설법이 명령법을 불러내고 있음을 보게 됩니다. 직설법은 믿는 자의 새로운 자기이해를 표현해 주고 있습니다. 왜냐하면 '내가 죄로부터 자유롭게 되었다'라는 진술은 어떤 교의학적인 진술이 아니라, 하나의 실존적인 진술이기 때문입니다. 자신의 전(全) 실존이 새롭게 되었다는 것은 믿는 자의 고백이지 신앙이 없는 자의 고백이 아닙니다. 믿는 자의 실존이 또한 그의 의지를 포함하고 있기 때문에, 믿는 자의 의지가 하나님의 계명에 대한 순종으로 말미암아 새롭게 되는 한에 있어서, 바울이 사용하고 있는 그와 같은 명령법은 믿는 자로 하여금 죄로부터 자유로워질 수 있다는 사실을 상기시켜 줍니다.

7.

하나님의 미래적인 행동이 '비신화화'(Entmythologisierung)을 통해서 제거될 것이라는 하나의 또 다른 반론이 제기될 수 있습니다. 그와 같은 반론에 대해 답변고자 합니다. 비신화화야말로 곧 미래에 있어서의 하나님의 행동의 참된 의미가 무엇인지를 명백하게 규명하는 것이라고! 신앙은 미래에 대한 자유롭고 완전한 개방성을 포함합니다. 실존에 대한 철학적인 분석은 미래를 향한 개방성이야말로 인간 실존의 본질적인 구성요소라는 사실을 보여줍니다. 그러나 철학적인 분석이 구체적으로 실존하는 인간에게 개방성을 부여해 줄 수 있습니까? 결코 그렇지가 않습니다. 철학적인 분석은 우리에게 실존을 선사해 줄 수 없는 것만큼이나 개방성도 선사해 줄 수 없습니다. 마르틴 하이데거(Martin Heidegger)가 우리에게 보여주고 있는 것처럼, 철학적인 분석이란 인간으로서 전적으로 인격적인 의미에서 실존하기를 원할 때, 인간은 미래를 위해 개방되지 않으면 안 된다는 사실을 설명해 줄 수 있을 뿐입니다. 철학적인 분석은 그 이상의 어떤 역할도 할 수 없습니다. 철학적인 분석이 미래란 무(無, Nichts) 외에 다른 어떤 것으로도 특징 지울 수 없다는 것을 주장한다면, 철학적인 분석은 이러한 인식의 자극적이고 소름 끼치도록 무서운 결과로 주의를 환기시킬 수 있습니다.

그러므로 미래에 대한 자유로운 개방성은 동시에 우리에게 두려움을 받아들이도록 하는 자유(두려움에 대한 준비), 즉 우리로 하여금 그것을 결정하도록 하는 자유를 의미합니다. 그리스도교 신앙이 확연하게 미래에 대한 개방성을 지니고 있다면, 그리스도교 신앙은 무에 직면하여 불안으로부터 자유로운 존재(Freisein)가 되는 것을 의미합니다. 이러한 자유로운 존재가 되기 위해서 그 누구도 자신으로부터 스스로 결단할 수 없습니다. 인간이 자유로운 존재가 되는 것은 오직 신앙 안에서만 한 인간에게 선물로 주어질 수 있을 뿐입니다. 미래를 향한 개방성으로서의 신앙은 과거로부터의 자유를 의미합니다. 왜냐하면 신앙은 죄 용서에 대한 믿음이며, 과거의 노예적인 굴종의 사슬로부터의 자유를 의미하기 때문입니다. 신앙은 우리 자신의 옛 자아로부터의 자유를 의미하며, 동시에 우리의 새로운 자아를 위한 자유를 의미합니다. 신앙은 우리 자신의 결단을 통해서 우리 스스로가 우리 개인의 실존을 규정할 수 있다는 망상(Illusion)으로부터의 자유, 즉 죄로 말미암는 이러한 망상으로부터의 자유를 의미합니다. 신앙이란 "죽음이 승리에 삼켜진 바 되었다"(고전 15:54)라는 표현을 통해서 바울이 의연히 외쳤던 미래를 향한 자유로운 개방성을 의미합니다.

8.

여기에서 하나의 최종적이고 결정적인 질문이 제기됩니다. '만약 우리가 하나님께서 지금 여기에서 나에게 행동하신다는 의미에서만 행동하시는 하나님에 대해 말하는 것이 허락된다면, 우리는 하나님께서 '모두를 위해 단 한번'(Ein für allemal) 전 세계를 위해 행동하셨다는 사실을 어떻게 믿을 수 있는가? 그것은 바울이 로마서 6:10에서 주장했던 '모두를 위해 단 한번'이라는 사상을 간과해 버리는 위험에 빠지는 것이 아닌가? 여기에서 우리는 신적인 섭리와 구원의 역사를 무시간의 차원으로 추방해 버리는 위험에 봉착해 있지는 않는가?' 우리는 위에서 언급한 것으로부터 명백하게 말할 수 있는바, 우리는 하나님에 대해 관념적으로 말하는 것이 아니라 우리의 시간을 자신의 행위(행동) 안에 종속시키시며, 지금 여기에서 우리와 만나시는 살아계신 하나님에 대해 말하는 것입니다. 그러므로 우리는 위에서 제기된 반론에 대해 하나님은 자신의 말씀 안에서, 하나의 구체적인 말씀 안에서, 예수 그리스도 안에서 제정된 설교 안에서 우리와 만나시는 분이라고 매우 심플하게(einfach) 답할 수 있습니다. 하나님께서는 항상 그리고 어디에서나 우리와 만나주시는 분이라고 말할 수 있지만, 만약 하나님의 말씀이 개입하지 않고 지금 여기에서 그 말씀이 개입하는 순간을 깨닫지 못한다면, 마르틴 루터(Martin Luther)가 종종 강조했던 것처럼 우리는 어느 곳에서도 하나님의 모습을 찾을 수 없으며, 하나님의 말씀을 들을 수 없습니다. 무소부재하시고 전능하신 하나님이라는 사상은 지금 여기에서 선포되는 하나님의 말씀을 통해서만 나의 실존 속에 현재화될 수 있습니다. 따라서 하나님의 말씀은 그 말씀이 실제로 말하여지게 되는 순간에만 하나님의 말씀일 수 있는 것입니다. 그러므로 하나님의 말씀은 하나의 무시간적인 진술이 아니라 지금 여기에서 인간에게 말을 걸어오는 한 편의 구체적인 말씀입니다. 내가 확신하거니와 하나님의 말씀은 하나님의 영원한 말씀입니다. 그럼에도 불구하고 이러한 영원성은 무시간성으로 이해되어서는 안 되고, 항상 지금 여기에서 발생하는 하나님의 현실 내지는 현존으로 이해해야만 합니다. 하나님의 말씀은 만남 안에서 발생하는 사건으로서의 하나님의 말씀이고, 일련의 관념으로서의 말씀이 아니며, 일반적으로 하나님의 은총에 대한 어떤 하나의 진술로서의 말씀도 - 비록 그와 같은 진술이 정당할 수 있을지라도 - 아닙니다. 그 진술이 나에게 다가오는 사건으로서 나를 향하여 말을 걸어오며, 하나님께서 자신의 자비하심으로 나와 만나주실 때 그와 같은 진술은 하나님의 말씀이 됩니다. 오직 그 말씀은 '밖으로부터 오는 말씀'(das Wort von außen), 즉 '외적인 말씀'(*verbum externum*)일 뿐입니다. 그것은 모두를 위해 단 한번 유일회적으로 주어진 지식이라는 의미에서 외적인 말씀을 의미한 것이 아니라, 하나님께서 말씀과 더불어 몇 번이고 되풀이하여 거듭 나를 만나주신다는 의미에서 진정으로 외적인 말씀인 것입니다.

여기로부터 다음과 같은 결론이 도출됩니다. 지금 교회의 설교 안에서 선포되든지 아니면 성서 안에서 읽히든지 성서가 순수하게 종교사를 위한 흥미로운 자료집으로서 간주되는 것이 아니라, 우리에게 말을 걸어오는 한 편의 말씀으로서 교회를 통해 전승된 것으로 간주된다는 의미에서 하나님의 말씀은 인간의 언어 안에서 나에게 말씀하시는 한 편의 참다운 말씀입니다. 이러한 살아있는 하나님의 말씀은 인간의 정신이나 인간의 책략이나 영리함에 의해 고안될 수 있는 것이 아닙니다. 살아있는 하나님의 말씀은 역사 속에서 발생한 것입니다. 역사 속에서 발생한 사건이 그 말씀의 기원입니다. 말씀을 말하는 행위, 즉 설교는 이러한 역사적인 사건을 통해 권위와 합법성을 계속해서 구현해 낼 수 있습니다. 이러한 사건은 다름 아닌 예수 그리스도이십니다. 예수 그리스도 자신이 하나님의 말씀이시고 말씀사건인 것입니다.

우리는 이러한 주장을 역설(paradox)이라고 부릅니다. 왜냐하면 하나님께서 예수 그리스도 안에서 행하셨던 사건은

[역사실증주의나 과학실증주의의 맥락에서][34] 역사적으로 증명될 수 있는 그러한 역사적인 사건이 아니기 때문입니다. 객관적으로 역사를 기술하는 역사가는 한 명의 역사적인 인격체로서의 나사렛 예수가 영원한 말씀, 즉 로고스라는 사실을 알지 못합니다. 우리가 예수 그리스도의 인격과 사역을 한 편의 구원행위로써 이해해야만 한다면, 객관적인 역사가가 세계사를 이해하는 범주에 맞추는 방식이 아닌 다른 방식으로 예수의 인격과 사역을 이해해야만 한다는 사실은 너무나 분명합니다. 그리고 신약성서 안에 나타나는 예수 그리스도에 관한 신화적인 묘사야말로 이러한 사실을 명백하게 보여주고 있습니다. 이것이야말로 진정한 의미에서 하나의 역설입니다. 예수는 갈릴리 나사렛 출신의 인간적이고 역사적인 인물입니다. 그의 사역과 운명은 세계사 속에서 발생했으며 그것들은 역사가의 연구대상에 포함됩니다. 역사가는 연속적인 역사의 일부로서 그의 사역과 운명을 파악할 수 있습니다. 그럼에도 불구하고 이와 같이 고립된 예수에 관한 역사적인 연구는 하나님께서 그리스도 안에서 행하신 것, 즉 종말론적인 사건이 의미하는 것이 무엇인지를 도무지 이해하지 못합니다.

신약성서에 따르면 예수 그리스도에 대한 결정적인 의미

---

34 괄호 안의 내용은 독자들의 이해를 돕기 위한 역자의 첨가.

는 예수께서 그의 인격과 그의 강림(오심)과 그의 수난과 그의 영광 안에서 종말론적인 사건이 되신다는 것입니다. 예수 그리스도는 "오시기로 되어 있었던 분"이시며, 우리는 "다른 분을 기다릴 필요가 없습니다"(마 11:3). "때가 찼을 때 하나님께서는 당신의 아들을 보내셨습니다"(갈 4:4). "빛이 세상에 왔지만 사람들은 자기들의 행실이 악하여 빛보다 어둠을 사랑했습니다. 이것이 벌써 죄인으로 판결받았다는 것을 말해 줍니다"(요 3:19). "때가 오면 죽은 자들이 하나님의 아들의 음성을 들을 것이며 그 음성을 들은 이들은 살아날 터인데 바로 지금이 그때입니다"(요 5:25). 이 모든 말씀들은 예수께서 종말론적인 사건 그 자체라는 사실을 우리에게 설명해 주고 있습니다. 비신화화에 대한 결정적인 질문은 다음과 같습니다. '예수 그리스도를 종말론적인 사건으로 이해하는 것은 우주적인 종말론의 표상들과 불가분의 관계에 놓여 있는 것이 아닌가?' 물론 예수 그리스도 안에서 발생한 종말의 사건을 우주적인 종말론의 표상으로 이해하는 것은 신약성서 안에서 주로 요한복음이라는 특수한 문헌과 관련되어 있기는 하지만 말입니다.

우리는 지금까지 보아온 대로 요한복음에서는 우주론적인 종말론이 하나의 역사적인 종말론으로서 이해되고 있습니다. 우리는 또한 바울에게서 믿는 자는 한 명의 새로운 피조물이라는 사실을 보았습니다.

"누구든지 그리스도 안에 있으면 새로운 피조물이 됩니다. 이전
것은 지나갔습니다. 보십시오! 새것이 되었습니다"(고후 5:17)

그러므로 우리는 말해야만 합니다. 신앙 안에서 살아가는
것은 종말론적인 실존으로 살아가는 것이며, 세상을 넘어서
서 살아가는 것이며, 죽음으로부터 생명으로 진격하는 삶이
라고 말입니다(비교: 요 5:24; 요일 3:14). 내가 확신하거니와 종
말론적인 실존은 이미 미리 앞당겨져서 실현되었습니다. 왜
냐하면 "우리는 보이는 것으로 살아가지 않고, 믿음으로 살
아가기"(고후 5:7) 때문입니다. 그것은 믿는 자의 종말론적인
실존은 세상적인 현상이 아니라 새로운 자기이해 안에서 실
현되기 때문입니다. 우리가 앞에서 이미 보았던 것처럼 이러
한 자기이해는 하나님의 말씀으로부터 성장하는 것입니다.
예수 그리스도라고 하는 종말론적인 사건은 말씀이 받아들
여지든지 거부되든지를 막론하고, 말씀이 선포되는 지금 여
기에서 발생합니다(고후 6:2; 요 5:24). 그래서 요한은 말합니
다. 믿는 자는 사망으로부터 생명으로 옮겨졌습니다. 그러나
믿지 않는 자는 심판을 받은 것입니다. 하나님의 진노가 그
사람 위에 머물러 있습니다(요 3:18; 3:36; 9:39). 설교되는 말

씀은 죽음과 생명을 창조합니다. 그래서 바울은 다음과 같이 말합니다.

> "이 향기는 구원받을 사람에게나 멸망당할 사람에게나 다 같이 풍겨나지만 멸망당할 사람에게는 역겨운 악취가 되고 구원받을 사람에게는 감미로운 생명의 향기가 되는 것입니다"(고후 2:5-16)

그러므로 '모두를 위해 단 한번'이라는 사상은 이제 올바르게 이해됩니다. 즉, '모두를 위해 단 한번'이란 종말론적인 사건으로서의 '모두를 위해 단 한번'인 것입니다. 이러한 '모두를 위해 단 한번'은 하나의 역사적인 사건의 유일회성을 의미하는 것이 아니라, 하나의 특정한 역사적인 사건, 즉 예수 그리스도가 종말론적인 '모두를 위해 단 한번'의 사건으로 이해되어야만 한다는 것을 의미합니다. 이러한 '모두를 위해 단 한번'의 사건으로서의 예수 그리스도의 유일회성은 종말론적인 사건으로 선포되는 말씀 안에서 항상 현존합니다. '모두를 위해 단 한번'의 사건은 무시간적인 진리로서 존재하는 것이 아니라, 지금 여기에서 일어나는 사건으로서 현존합니다. 하나님의 말씀은 내게 분명하게 말씀합니다. 하나님의 은총은 항상 이미 나를 위해 행동해 왔으며 나를 앞서가는 은총이라고… 그러나 하나님의 말씀은 내가 과거의 역사적인 사건을 회상할 수 있는 그와 같은 방식으로 말씀하시지는 않습니다. 행동하는 은총은 종말론적인 사건으로서 지금 여기에 현존합니다. 하나님의 말씀은 지금 여기에서 사건으로 발생할 때만 하나님의 말씀입니다. 최초의 사도들의 설교 말씀과 같이, 그리고 그 말씀이 신약성서의 문서들 속에서 집대성되어 사람들에 의해 전수되어 내려온 것과 같이, 그 말씀의 내용은 일반적인 문장들로 구성될 수 있었던바, 모든 시간 가운데 지금 여기에서 실재의 사건으로 역사하는 말씀은 언제나 하나이며 동일한 말씀이라는 이 사실이야말로 하나님의 말씀이 가지는 역설입니다. 다른 하나가 없이는 하나가 존재할 수 없습니다. 그것이 바로 '모두를 위해 단 한번'이라고 표현되는 유일회성의 의미인 것입니다. 하나님의 말씀이 지금 여기에서 설교자의 살아있는 음성 안에서 사건이 되기 때문에 '모두를 위해 단 한번'은 종말론적인 사건이 되는 것입니다.

하나님의 말씀과 교회는 서로가 서로에게 함께 속해 있습니다. 설교가 일반적인 명제들로 구성된 한 편의 강의가 아니라 대단히 권위 있고 합법적인 설교자에 의하여 선포된 메시지인 한에 있어서(고후 5:18-20), 교회는 말씀을 통해 부르심을 받은 자들의 공동체로서 세워졌기 때문입니다. 말씀은 오직 사건으로서의 하나님의 말씀이기 때문에 교회는 오직 각 시대마다 지금 여기에서 발생하는 사건으로서만 참된 교회가 될 수 있습니다. 교회는 성도들의 종말론적인 공동체이며, 오직 역설적인 방식 위에서만 우리가 세계역사(세속역사, Weltgeschichte) 속에서 사회적인 현상으로 관찰하는 교회 제도와 일치하기 때문입니다.

9.

우리는 비신화화의 직무가 성서 안에 있는 신화적인 세계관과 현대적 세계관 ― 현대적 세계관은 자연과학적 사고에 의해 큰 영향을 받았는데 ― 사이의 갈등으로부터 발생하는 최초의 충돌을 수용하고 있음을 이미 확인했습니다. 그것이 신화적 세계관이거나 자연과학적 세계관인 것에 상관없이, 신앙은 인간의 사고에 의해 형성된 모든 세계관으로부터 해방되기를 요구하고 있다는 사실이 이제 명백하게 드러났습니다. 모든 인간적인 세계관들은 세계를 대상화시켜 버리고 우리 자신의 실존 안에서 만남의 의미를 간과하고 제거해 버립니다. 이러한 갈등은 우리 시대에 신앙이 적합하고 올바른 표현양식들을 발견하지 못했음을 보여주고, 우리 시대가 아직까지 신앙의 근거와 신앙의 대상 사이의 일치를 인식하지 못하고 있다는 것을 보여주며, 우리 시대가 행동하시는 하나님의 초월성과 은폐성을 여전히 참되게 이해하지 못하고 있다는 사실을 보여줍니다. 우리 시대는 아직까지도 신앙 그 자체가 가지는 '그럼에도 불구하고'의 정신을 제대로 깨닫지 못한 채 계속해서 하나님과 그분의 행동을 대상화 내지는 물상화(物像化)하려는 유혹에 굴복하고 있습니다. 그러므로 성서적이고 교회적인 설교에 나타나는 신화적 세계관을 비신화화적인 관점에서 비판하는 것은 신앙을 위해 값진 기여를 할 수 있습니다. 이러한 비신화화적인 비판은 신앙으로 하여금 그 스스로의 본질에 대한 진지한 성찰을 하게 만들기 때문입니다. 비신화화의 과제는 단지 이러한 요청을 받아들이고 응하는 것 외에 다른 것이 아닙니다. 하나님께서 눈에 보이지 않는 분이라는 것, 즉 하나님이 불가시적인 분이라는 사상은 하나님과 그분의 행동을 눈에 보이는 것으로 묘사하고자 하는 모든 신화화의 시도를 배격합니다. 하나님은 인간의 시각과 관찰을 초월해 계시는 분입니다. 우리는 신앙적인 경험에도 불구하고 단지 하나님을 믿을 수 있을 뿐이며, 그것과 마찬가지로 우리는 우리의 행위가 의롭지 않다는 양심의 소리에도 불구하고 의롭다 하심, 즉 칭의(Rechtfertigung)를 받아들일 수 있을 뿐입니다. 실제로 비신화화는 인간이 하나님 앞에서 율법의 행위가 아니라 오직 믿음으로 의롭게 된다는 칭의 교리에 대한 바울과 마르틴 루터의 구상에 필적하는 하나의 신학적 과제이며 과업입니다. 보다 정확하게 표현하자면, 비신화화는 오직 믿음으로 말미암아 의롭게 된다는 칭의 교리를 지식과 사고의 영역에 철저하게 적용시킨 것입니다. 칭의 교리와 마찬가지로 비신화화는 안정과 안락을 희구하는 모든 인간의 욕망을 파괴시켜 버립니다. 선행에 바탕을 둔 안정성이나 객관적인 지식에 기초한 안정성은, 이 양자 모두가 안정을 희구하는 인간의 욕망에 바탕을 두고 있다는 점에서 어떠한 차이점도 없습니다. 하나님 믿기를 소망하는 사람은 이러한 신앙을 소유함에 있어서 자신이 할 수 있는 일이 아무것도 없다는 사실을 깨달아야만 합니다. 즉, 그 자신이 소위 진공상태 안에 서 있는 공허한 존재라는 사실을 인정해야만 합니다. 모든 형태의 안정성(안전성)을 포기하는 사람만이 진정한 안정성을 발견할 수 있습니다. 하나님 앞에서 인간은 항상 빈손으로 서 있는 존재입니다. 모든 안정성을 포기하고 그 안정성을 버린 사람은 참된 안정성을 발견하게 될 것입니다. 하나님에 대한 신앙은 '칭의'(justificatio)에 대한 신앙과 마찬가지로 개별적이고 이름 붙여질 수 있으며, 정의될 수 있는 행위들을 신성한 행위로 한정하고 구별 짓는 것을 거부합니다. 이에 상응하여 하나님에 대한 신앙은 창조에 대한 신앙과 마찬가지로 우리가 관찰할 수 있는 역사와 자연의 현실 가운데서 개별적이고, 이름 붙여질 수 있으며 정의될 수 있는 영역들을 신성한 영역들로 한정하고 구별 짓는 것을 거부합니다. 마르틴 루터가 우리에게 가르쳤던 바 땅 위에는 거룩한 장소가 존재하지 않으며 전체로서의 세상은 사실상 속된 장소입니다. 루터의 이러한 가르침은 '땅의 모든 것은 주님의 것이다'(*terra ubique Domini*)라는 루터 자신의 말에도 불구하고 옳은 말입니다. 모든 반증들에도 불구하고 우리는 그 말을 믿을 수 있기 때문입니다. 하나님의 집을 거룩하게 하는 것은 사제서품식이 아니라 하나님의 말씀입니다. 마찬가지로 전체 자연과 전체 역사도 속된 것입니다. 오직 선포되는 말씀의 빛 안에서만 이미 일어났던 사건들과 지금 여기저기에서 일어나고 있는 사건들이 신자들을 위한 하나님의 행동으로 간주될 수 있습니다. 세상이 하나의 속된 장소가 되고 따라서 인간 활동의 영역으로서의 진정한 위치를 되찾는 것은 오직 믿음을 통해서입니다.

그럼에도 불구하고 세상은 하나님의 세계이고 행동하시는 하나님의 활동 영역입니다. 그렇기 때문에 우리 믿는 자들과 세상과의 관계는 역설적인(Paradox) 것입니다. 그래서 바울은 고린도전서 7:29-31에서 이러한 역설을 다음과 같이 말할 수 있었습니다.

형제 여러분, 내 말을 명심하여 들으십시오. 이제 때가 얼마 남지 않았으니 이제부터 아내가 있는 사람은 아내가 없는 사람처럼 살고, 슬픔이 있는 사람은 슬픔이 없는 사람처럼 지내고, 기쁜 일이 있는 사람은 기쁜 일이 없는 사람처럼 살고, 물건을 산 사람은 그 물건이 자기 것이 아닌 것처럼 생각하고, 세상과 거래를 하는 사람은 세상과 거래하지 않는 사람처럼 살아야만 합니다.

이 책의 표현방식으로 바울의 말을 바꾸어 말한다면 우리는 이렇게 말할 수 있습니다. '여기에서 하나의 현대적인 세계관을 가진 사람들은 마치 그와 같은 세계관을 가지지 않은 사람처럼 살아야만 합니다'

참고 문헌

제1장

E. Fuchs, Das Problem der Entmytologisierung, 4.Auflage 1960.

E. Sellin, Alter, Wesen und Ursprung der alttestamentlichen Eschatologie, 1912.

W. Kreck, Die Zukunft des Gekommenen, 1961.

W. Manson, Bist du, der da kommen soll? 1952.

M. Buber, Königtum Gottes, 3.Auflage 1956.

E. Norden, Agnostos Theos, 4.Auflage 1956.

H. Leisegang, Die Gnosis, 4.Auflage 1955.

H. Jonas, Gnosis und spätantiker Geist, 1953/54.

L. Richter, Immanenz und Transzendenz im nachreformatorischen Gottesbild, 1955.

제2장

G. Bornkamm, Die Verzögerung der Parusie, 1951.

제 3 장

H. Diem, Der irdische Jesus und der Christus des Glaubens, 1957.

H. W. Bartsch hgg., Kerygma und Mythos, Bände I—IV, 1948—55.

제 4 장

R. Bultmann, Das Problem der Hermeneutik, Aufsätze Band II.

_____, W eissagung und Erfüllung, ebenda.

H. Diem, Grundfrage der biblischen Hermeneutik.

W. Sachs, Der Ursprung des Mythosbegriffs in der modernen Bibelwissenschaft, 1952.

J. Wach, Das Verstehen, Bände I—III, 1926—33.

제 5 장

E. Frank, Philosophical Understanding and Religious Truth, 1945.

루돌프 불트만의 저서들

R. Bultmann, Die Geschichte der synoptischen Tradition, 6.Auflage 1964.

_____, J esus, 3.Auflage 1961.

_____, M arburger Predigten, 1956.

_____, G eschichte und Eschatologie, 2.Auflage 1964.

_____, T heologie des Neuen Testaments, 4.Auflage 1961.

_____, G lauben und Verstehen (Gesammelte Aufsätze) I, 4.Auflage 1961; II, 3.Auflage 1960.

색인

인명 색인

Plato 56, 102

Reitzenstein, Richard August 94, 180, 209
Ridderbos, Herman Nicolaas 15, 17, 203, 222
Ritschl, Albrecht 28, 29, 135, 138
Robinson, James M. 238

Sanders, Edward P. 243
Sartre, Jean-Paul 74
Schelbert, Georges 238
Schleiermacher, Friedrich Daniel Ernst 90, 134, 195, 196
Schniewind, Julius 195
Schweitzer, Albert 28, 32, 191, 192
Shakespeare, William 48
Sokrates 56
Sophokles 51

Theißen, Gerd 243
Thüsing, W. 195
Tönges, Elke 237, 238
Troeltsch, Ernst 94, 176
Thurneysen, Eduard 97, 135
Tillich, Paul 126

Vermes, Geza 237

Weiss, Johannes 28, 94
Wernle, Paul 97
Wilder, Thornton 74
Wilson, Robert McLachlan 221
Winter, Dagmar 243
Wolf, Herbert C. 227, 228
Wrede, Wilhelm 94

Yamauchi, Edwin 221

Zafranski, Rüdiger 198, 200
Zahnt, H. 202

한글 인명 색인

성서 색인

고전 색인

비평적 해제

: 이동영

이 책의 번역과 해제는 나 여우(如愚)[1]가 불트만을 극복해 간
찬란한 고투의 기록이다.

나의 사상의 적이었던
루돌프 불트만에게 경의를 표한다.
'오호! 적이여 너는 나의 용기이다'[2]

1　'여우'라는 말은 '같을 여(如)', '바보 우(愚)'로써 '바보와 같다'라는 뜻인데 필
　자의 아호(雅號)이다.

2　이 문장은 일제 식민지 시절에 문학과 혁명에 투신했으며, 해방 후 북조선
　민주주의인민공화국(북한)에서 미국의 간첩으로 몰려 형장의 이슬로 사라
　져간 시인이며 영화배우이고 문학평론가였던 임화(林和, 1908-1953), 본
　명 임인식(林仁植)의 묘비에 쓰인 글귀이다(김훈, 『칼의 노래』 [문학동네:
　2018], 390; 이동영, 『몸짓의 철학』 [지노: 2022], 196을 따라 재인용).

0. 해제를 시작하며

루돌프 불트만의 저서 『예수 그리스도와 신화』를 읽는 독자들로 하여금 이 책을 입체적으로 읽고 이해하는 것을 돕기 위해 불트만의 신학적 배경과 그의 신학적 강조점, 그리고 문제점이 무엇인지를 비평적으로 조망해 보고자 합니다.

1. 생애

루돌프 불트만은 1884년 8월 20일 독일 북부 올덴부르크 (Oldenburg)에서 독일 루터파 교회의 목사인 아르투르 불트만

(Arthur Bultmann)의 첫 번째 아들로 목사관에서 태어났습니다. 불트만의 할아버지는 서아프리카의 선교사였고 경건한 루터파 목사였습니다. 이렇게 불트만은 전형적인 루터파 경건주의(Lutherische Pietismus) 전통을 이어받은 가문에서 어린 시절부터 자신의 아버지와 할아버지로부터 신학을 배우면서 성장했습니다. 그의 전 생애는 신학과 성서연구에 집중되어 있었고, 그 외에 다른 일을 한 적이 없습니다. 1895–1903년 까지 불트만은 올덴부르크 김나지움(Oldenburger Gymnasium) 에서 공부했는데, 당시 그 유명한 철학자 칼 야스퍼스(Karl Jaspers, 1888–1969)도 이 학교를 다니고 있었습니다. 불트만은 김나지움(인문계 고등학교)을 졸업하고 1903년 신학을 공부하기 위해 튀빙겐(Tübingen)대학에 진학하여 그곳에서 3학기를 공부한 후, 마르부르크(Marburg)대학에서 2학기를 공부했습니다. 그는 1907년 올덴부르크에서 신학시험에 통과했고, 1910년 마르부르크대학에서 신학박사학위(Dr. theol.)를 취득했습니다. 그의 학위논문은 『바울의 설교 양식과 견유학파 및 스토아학파의 논증화법』(*Der Stil der paulinischen Predigt und die Kinisch-Stoische Diatribe*)이었습니다. 이 논문은 1910년 학위논문 통과 후 즉시 출판되었으나 재판되지는 않았습니다. 그로부터 2년 뒤인 1912년 교수자격취득논문(Habilitation)이 통과되었는데 그 제목은 동방의 교부 『몹수

에스티아의 테오도르의 주석학』(*Die Exegese des Theodor von Mopsuestia*)이었습니다.

불트만은 1912년 마르부르크대학의 사강사(Privatdozent)로 시작하여, 1916-20년 브레슬라우(Breslau)대학 조교수를 거쳐 1920-21년에 유명한 종교사학파이며 신약성서학자인 빌헬름 부셋의 후임자로 기센(Gießen)대학의 교수가 되었습니다. 그리고 1921년 종교사학파였던 자신의 스승 빌헬름 하이트뮐러(Wilhelm Heitmüller, 1869-1926)의 후임자로 모교였던 마르부르크대학의 교수가 되었으며, 1951년 은퇴할 때까지 그곳에서 가르쳤습니다. 그는 1976년 7월 30일 마르부르크에서 세상을 떠났습니다.

불트만의 학문의 여정 가운데서 그를 그토록 유명하게 만든 것은 무엇이었을까요? 그것은 다름 아닌 그가 신약성서의 메시지를 20세기의 언어로 새롭게 해석하여 자연과학적인 세계관을 가진 현대인들에게 이해시키려 한데 있습니다. 그는 『신약성서와 신화론』[3]이라는 자신의 논문에서 하나의 새로운 성서해석의 방향성을 천명합니다. 그것은 만일 설교자가 현대인들에게 성서의 메시지를 효과적으로 전달하기를 원한다면, 1세기의 개념으로 쓰여 있는 신약성서의 메

---

3 Rudolf Bultmann, "Neues Testament und Mythologie", in: Ders., *Kerygma und Mythos* I, hrsg. von H. W. Bartsch (Hamburg: Reich & Heidrich, 1948).

시지를 20세기의 개념으로 바꾸어야만 한다는 것입니다. 물론 불트만이 이러한 해석학적인 시도를 한 유일한 신약성서학자는 아닙니다. 수많은 성서학자들은 자신들의 주석 내지는 해석 작업을 통해 과거에도 똑같은 시도를 해왔고 현재도 앞으로도 그렇게 할 것입니다. 하지만 고대의 문서인 신약성서의 메시지를 현대인들에게 전달하고자 해석학적 작업을 했다는 이유만으로 불트만이 20세기 신약성서신학의 총아가 된 것은 아닐 것입니다. 불트만으로 하여금 20세기 신약성서신학의 총아가 되게 한 결정적인 이유는 그가 신약성서에 대한 해석학적 작업을 시도하면서 사용한 방법 때문입니다. 즉, 그가 신약성서를 해석함에 있어 '비신화화 이론'(Entmythologisierungslehre, 非神話化理論)과 '실존주의 해석'(Existentische Interpretation)이라는 자신만의 독특한 주석 방법을 사용함으로써 20세기 신약성서학의 논쟁의 중심에 서게 되었으며, 1920년부터 1960년대 말까지 약 50년 동안 신약성서학에 있어서 실로 막강한 영향력을 행사할 수 있었습니다.[4]

---

4   참조, Simon J. Kistemaker, 『현대의 복음서 연구』 (서울: 엠마오, 1984), 97이하-98. 암스테르담 자유대학(Vrije Univeristiete te Amsterdam) 출신으로 미국 리폼드 신학교(Reformed Theological Seminary)에서 가르쳤던 미국의 저명한 개혁파 신약성서학자 사이먼 J. 키스터메이커는 불트만이 1920년대 이래로 약 40–50년 동안 신학무대를 지배했던바 '신학자들의 왕'이라 불려졌다고 말하면서 당시 얼마나 불트만의 영향력이 막강한 것이었는가를 언급한다(Simon J. Kistemaker, 『현대의 복음서 연구』, 110).

2. 불트만 신학의 특징

2.1. 저수지와 같은 사상가

루돌프 불트만은 자신의 선대의 신학과 역사학과 철학과 언어학과 종교학에 대한 방대한 지식을 동원하여 과학실증주의적인 세계관 속에서 살아가는 현대인들에게 그리스도교의 메시지를 이해가능하게 해명하고 변증하기 위해 노력했던 20세기의 유명한 신학자 가운데 한 명입니다. 불트만은 신약성서학자이기는 하지만 저수지와 같은 자신의 방대하고 종합적인 사상을 통해 조직신학자로 발전해 갔습니다. 그는 현대신학에 있어서 여전히 큰 신학적인 골칫거리 가운데 하나였던 교의학과 성서주석의 균열을 극복하고자 했습니다. 그래서 우리는 불트만의 신학에서 교의학과 성서주석이 통전적으로 조화를 이루고 있음을 보게 됩니다.[5]

불트만이 신학에서 차지하는 위치는 철학자 임마누엘 칸트(Immanuel Kant)가 철학에서 차지하는 위치에 비견된다고 해도 과언이 아닙니다. 불트만은 신학에 있어서 전 시대에 토론되었던 거의 모든 신학적 경향들을 종합(Synthesis)하여 하나의 거대한 사상적 체계를 구성했던 저수지와 같

---

5   김균진, "불트만의 실존신학", 『현대신학사상』 (서울: 새물결플러스, 2014), 115-116.

은 인물이었습니다. 루터의 신학, 빌헬름 헤르만(Wilhelm Hermann)의 신칸트주의적 루터주의, 마르틴 켈러(Martin Kähler)의 케리그마 신학(Theologie des Kerygma), 개신교 자유주의 신학(Protestantische Liberale Theologie), 종교사학파 (Die Religionsgeschichtliche Schule), 에른스트 트뢸취(Ernst Troeltsch)의 역사비평주의(Historischer Kritizismus), 헤르만 궁켈(Hermann Gunkel)과 마르틴 디벨리우스(Martin Dibelius)의 양식비평(Form Kritizismus), 그리고 마르틴 하이데거(Martin Heidegger)의 실존철학(Existenzphilosophie) 등의 경향들이 불트만에게 와서 시종일관한 형태로 종합되어 거대한 사상적인 체계를 구성하고 있습니다. 이 중에서 중요한 몇 가지를 살펴보도록 하겠습니다.

2.2. 루터신학의 영향

루돌프 불트만에게는 루터신학(Lutherische Theologie)의 영향이 강하게 나타나고 있습니다. 불트만에 따르면 자신의 신학에 있어서 '하나님 말씀'(verbum Dei. Gottes Wort)에 대한 강조, 즉 케리그마(Kerygma)에 대한 강조는 마르틴 루터(Martin Luther)의 하나님 말씀에 대한 강조에 근거하고 있다는 것입니다. 그리고 불트만의 신학에서는 루터 신학의 전통적인 강조점이라고 할 수 있는 칭의론(*doctrina justificationis*: 죄인인 인

간이 십자가에 달린 예수 그리스도를 믿음으로 의롭게 된다는 교리)
이 강조됩니다. 물론 루터파 정통주의의 관점에서 보았을 때
불트만은 칭의 교리를 자기 나름대로 재해석하여 왜곡한 것
으로 평가됩니다. 반면 불트만은 자신이야말로 루터를 가장
잘 이해했다고 주장했습니다. 그렇지만 칼 바르트(Karl Barth)
는 불트만의 신학이 루터교의 배경을 가지고 있는 것은 사실
이지만 루터적인 것은 아니라고 비판했습니다. 바르트에 따
르면 루터 신학의 핵심적인 주제는 '어떻게 내가 거룩하신 하
나님 앞에서 의롭다고 여김을 받을 수 있는가?'입니다. 이
질문에 대해 '오직 믿음으로'(sola fide)가 그 답변입니다. 그러
나 이때에는 '믿음'에 앞서 '그리스도 사건'(Christusereignis)과
'성령의 사역'(Geistes Handeln)이 앞서고 '믿음'(fides)이 그 뒤
를 따르는 것입니다. 그런데 불트만은 '믿음으로 의롭다 여김
을 받는다'라는 루터의 가르침의 형식은 따랐지만 루터와 같
이 그리스도 사건과 성령의 사역으로부터 출발하지 않고 그
리스도와 성령을 떠나서 신앙의 '실존적 결단'(Existentische
Entscheidung)을 먼저 강조함으로써 신학으로 하여금 실존철
학의 포로가 되게 했다는 것입니다. 그래서 바르트는 불트만
의 신학을 비(非)종교개혁적인 신학이라고 비판했습니다.[6]

---

6   Karl Barth, *Rudolf Bultmann*, " Ein Versuch ihn zu verstehen", in:
     Theologische Studien , 1952, 90.

불트만은 그의 신학 스승 가운데 한 명인 빌헬름 헤르만 (Wilhelm Hermann)의 영향을 많이 받았습니다. 『예수 그리스도와 신화』에서도 불트만은 헤르만을 자주 인용합니다. 불트만은 하이데거에게 배우기 전에 헤르만에게 배웠습니다. 바르트에 따르면 '나야말로 진정한 루터파 교인입니다'라고 말하기를 좋아했던 사람은 다름 아닌 헤르만이었습니다. 그래서 독일 에어랑겐(Erlangen)대학에서 가르쳤던 대표적인 루터파 신학자 발터 퀸네트(Walter Künneth)는 불트만이야말로 루터 신학을 완전히 왜곡한 인물이라고 비판했습니다.

2.3. 마르틴 켈러의 영향

마르틴 켈러(Martin Kähler, 1835–1912)는 1896년 자신의 저서 『소위 역사적 예수와 역사적, 성서적 그리스도』[7]를 통해 신앙에 있어 중요한 것은 역사적 예수가 아니라 케리그마의 그리스도, 즉 교회가 선포한 신앙의 그리스도라고 주장합니다. 그에 따르면 예수 생애에 대한 역사적 탐구는 복음서의 성격상 부적절하고 부적합합니다. 왜냐하면 복음서는 역사적 예수가 아니라 사도들이 설교한 신앙의 그리스도를 그 내용으

---

7   Martin Kähler, *Der sogenannte historische Jesus und der geschichtliche, biblische Christus* (Reichert, Leipzig, 1892). 이 작품은 1964년에 영역되었다: *The So Called Historical Jesus and the Historic, Biblical Christ,* trans., Carl E. Braaten (Philadelphia: Fortress, 1964).

로 삼고 있기 때문입니다. 부활하신 그리스도는 사도들이 설교하고 선포한 그리스도이며, 이러한 그리스도는 바로 신앙의 그리스도라는 것입니다.[8] 마르틴 켈러가 복음서에 제시되고 있는 신앙의 그리스도와 역사적 예수가 구별된다고 주장했을 때 - 비록 그가 복음서가 증언하는 신앙의 그리스도의 중요성을 강조했음에도 불구하고 - 그의 의도는 양자 사이의 연속성을 거부하는 데 있었던 것이 아닙니다. 마르틴 켈러는 역사적 예수와 신앙의 그리스도를 구분했지만 이 양자 사이의 연속성을 주장했습니다.[9] 불트만은 마르틴 켈러의 케리그마 신학에 강한 영향을 받았습니다. 그러나 불트만은 우리가 신앙을 얻기 위해서는 역사적 예수는 필요 없고 신앙의 그리스도만으로 족하다고 주장함으로써 마르틴 켈러를 과도하게 넘어서고 있습니다.

2.4. 종교사학파의 영향

종교사학파의 영향력은 루돌프 불트만에게 지속적이고 지대한 것이었습니다. 불트만 스스로가 자신에게 가장 큰 영향력을 주었던 책으로 종교사학파의 거두 빌헬름 부셋(Wilhelm

---

8   Paul Althaus, *The So-Called Kerygma and the Historical Jesus*, trans., David Carins (London: Oliver & Boyd, 1959), 20.

9   Martin Kähler, *The So Called Historical Jesus and the Historic, Biblical Christ*, 73-75.

Bousset, 1865-1920)의 『주 그리스도』(Kyrios Christos)[10]라는 책을 꼽은 적이 있습니다. 종교사학파란 19세기말 독일 괴팅겐(Göttingen)대학을 중심으로 형성되었던 학파인데, 성서에 나타나는 여러 사상들과 개념들을 지중해 연안의 세계 내지는 근동의 고대종교들 그리고 헬라의 신비종교들과 비교해서 연구하려는 운동 및 학파를 말합니다. 그래서 이 학파를 다른 말로 '비교종교학파'라고도 부릅니다. 종교사학파는 불트만 자신의 말대로, 그에게 큰 영향을 준 사상이기 때문에 좀 더 자세히 논구할 필요가 있습니다. 종교사학파에 속한 학자들 가운데 특히 불트만에게 심대한 영향을 끼친 인물은 빌헬름 부셋과 리하르트 아우구스트 라이첸슈타인(Richard August Reitzenstein, 1861-1931)입니다. 두 사람 모두 불트만에게 심원한 영향을 끼쳤습니다.

1) 빌헬름 부셋

빌헬름 부셋은 그의 책 『주 그리스도』에서 그리스도교의 성례전(sacramentum)인 '세례'(Taufe)와 '성만찬'(Abendmahl)을 헬라의 신비종교와 비교해서 연구했습니다. 부셋은 주장하기를 바울 서신에 나타나는 '세례를 통한 그리스도와의 연합'

---

10 W. Bousset, *Kyrios Christos, Geschichte des Christusglaubens von den Anfängen des Chistentums bis Irenaeus* (1913).

사상(롬 6:1-14)이 헬라의 신비종교(Hellenistischer Mystizismus)의 자연신 숭배사상으로부터 - 예를 들자면 이시스(Isis)와 오시리스(Osiris) 숭배와 같은 - 유래했다고 주장했습니다.

자연을 관찰해 보면 봄에는 생명이 싹트고, 여름에는 무성해지고, 가을에는 쇄락하고, 겨울에는 다 죽어 버립니다. 그리고 다시 봄이 되면 생명이 싹틉니다. 이러한 죽고 살아남, 즉 생(生)과 사(死)의 사이클(cycle)이 자연의 질서 속에 존재하는데, 헬라인들은 이러한 자연 질서의 배후에는 매년 죽었다가 부활하는 신들이 있다고 생각했던 것입니다. 그래서 그들은 이러한 자연의 질서와 현상들은 스스로 죽고 부활하는 신들에 의해 발생한다고 믿었습니다. 이들 신들과 신비적으로 연합하게 되면 인간도 이들 신들과 함께 죽고 부활한다는 것입니다. 이러한 신들과의 연합을 지향하는 헬라의 신비종교의식이 바울이 말하는 세례 의식과 유사하고, 부셋은 신들과의 연합을 지탱하기 위해 신들의 몸을 먹고 피를 마셔야 한다는 가르침이 바울의 성만찬 가르침과 유사하다고 주장했습니다. 부셋에 의하면 바울의 세례에 대한 가르침이나 성만찬에 대한 가르침은 역사적 예수(Historischer Jesus)의 가르침과 무관하고 또한 유대교적인 배경을 가지고 있는 '팔레스타인 유대 그리스도교'(Palästinensisches Judenchristentum)와도 아무런 관계가 없으며, 바울이 헬라의 신비종교의 제식

(Kult)으로부터 빌려온 것일 뿐입니다. 부셋은 여기서 한 걸음 더 나아가 예수가 '주님'(Κύριος)이시라는 신앙고백도 헬라 신비종교로부터 왔다고 주장했습니다.

부셋은 불트만의 스승이기도 했던 빌헬름 하이트뮐러 (Wilhelm Heitmüller)의 두 교회론을 가지고 자신의 견해의 정당성을 펼쳐나갔습니다. 하이트뮐러의 두 교회론이란 예루살렘 또는 팔레스타인에는 베드로, 요한, 야고보 등을 중심으로 하는 '팔레스타인 유대 그리스도교'(Palästinensisches Judenchristentum)가 있었고 디아스포라(Diaspora)에는 바울을 중심으로 하는 '헬라 그리스도교'(Hellenistisches Christentum)가 있었다는 것입니다. 그래서 팔레스타인 유대 그리스도교에서는 여전히 율법과 유대교의 배타적인 선민사상이 판을 치고 있었고, 헬라 그리스도교에서는 헬라 신비종교의 영향 아래 새로운 그리스도교가 생겨났다는 것입니다. 부셋은 하이트뮐러의 두 교회론을 받아들여 자신의 주장을 논증하려 했습니다. 부셋은 다음과 같이 설명합니다. 팔레스타인 유대 그리스도교에서는 예수가 다니엘서 7장이 예언하는 '장차 올 인자'로서 하나님의 영광 가운데 '인자'(한자: 人子, 헬라어: ὁ υἱος του ἀνθρωπου, 독일어: der Menschensohn, 영어: the son of man)로서 재림하여 '하나님의 나라'(Gottes Reich)를 완성하리라는 것, 즉 미래지향적 종말론이 그들의 핵심 신앙이었다는 것입니다. 이와는 반대로 바울을 필두로 하는 헬라 그리스도교에서는 예수가 현재 '영'(Der heilige Geist)으로서 예배 가운데 임재하며, '주님'(Κύριος)으로서 예배의 대상이 되며 그를 믿는 자들이 그와의 신비적인 연합(unio mystica)을 통해 구원을 받는다는 사상이 그들의 신앙의 핵심이었다는 것입니다. 부셋은 주장하기를 이러한 헬라 그리스도교의 그리스도론은 오시리스(Osiris), 이시스(Isis), 미트라(Mithra) 등과 같은 헬라 신비종교의 자연신 숭배 사상의 영향 하에 발달한 새로운 신학이자 새로운 그리스도교로서, 바로 이러한 헬라의 신비종교에서 신들이 '주', 즉 퀴리오스(Κύριος)라고 숭배를 받았기에 예수를 주라고 부르는 신앙고백이 생겨났다는 것입니다. 그러므로 부셋의 주장에 따르면 초대 유대 그리스도교에서는 예수를 예배하지 않았고 다만 재림할 인자로 기다릴 따름이었으며 헬라 그리스도교에 와서야 예수를 예배하게 되었고, 예배의 대상으로 신격화되었으며, 지금 성령으로 예배자들 가운데 임재하시는 분으로, 그와의 영적인 하나 됨을 그들로 하여금 체험케 하는 분으로 이해되었다는 것입니다. 그래서 부셋은 전통적인 그리스도론, 즉 '예수는 주님이시다', '예수는 하나님의 아들이시다'라는 신학은 모두 전적으로 헬라 그리스도교에서 발생했다는 것입니다. 부셋의 사상은 대충 이 정도로 요약할 수 있습니다.

2) 리하르트 아우구스트 라이첸슈타인

리하르트 아우구스트 라이첸슈타인의 사상은 불트만의 영지주의 이해에 결정적인 영향을 미쳤습니다. 불트만은 '영지주의의 구원자 신화'(Gnostic Redeemer myth)가 바울과 요한의 그리스도론에 절대적인 영향을 주었다고 주장합니다. 그러므로 영지주의의 구원자 신화를 바르게 해석하는 것이야말로 그리스도교 구원론을 바르게 해석하는 첩경이라고 생각했습니다. 그리고 이러한 영지주의 구원자 신화를 해석하는 방법론으로 개진한 것이 비신화화 이론(Entmythologisierungslehre)이라는 해석학적인 개념이었던 것입니다. 라이첸슈타인의 사상에 대해서는 영지주의에 대한 불트만 신학의 강조점을 다룰 때 자세하게 살펴보도록 하겠습니다.

3) 불트만에게 있어서 종교사학파의 영향과 그 문제점

이제 우리의 논지를 다시 불트만으로 되돌려 봅시다. 불트만은 종교사학파의 영향 하에 바울 사상의 헬라적인 배경을 무척 강조했습니다. 그리고 정통신학의 대변자라고 할 수 있는 바울이 헬라 교회의 케리그마에 의해 그리스도인이 되었으며 이방적인 헬라 교회의 신학적인 대표자라고 주장합니다. 그래서 그는 그리스도교와 바울 사상을 헬라의 종교사적인 배경에서 이해해야만 한다고 주장합니다. 이러한 불트만의 주장은 우리가 앞에서 이미 논의했던 하이트뮐러와 부셋의 주장을 그대로 이어받은 것이라고 할 수 있습니다. 불트만은 이 두 학자의 유대 그리스도교와 헬라 그리스도교를 분리하는 사상을 그대로 계승하여 유대 그리스도교 신앙의 본질은 예수가 바로 재림할 인자이며, 그 예수를 기다리는 것이라고 했습니다. 그리고 헬라 그리스도교의 본질은 지금 예수를 주로 고백하고 세례와 성만찬을 통해 그리스도와 연합하여 그리스도의 죽고 부활하심에 참여하여 구원받는 것이라고 했습니다. 이런 점들이 모두 불트만에게서 나타나는 종교사학파의 경향입니다.

이러한 사상은 한때 무척 유행했었습니다. 후기 불트만 학파의 신약성서학자인 퀸터 보른캄(Günther Bornkamm, 1905-1990)의 제자로서 뮌헨(München)대학에서 가르쳤던 페르디난트 한(Ferdinand Hahn, 1926-2015)은 하이트뮐러의 두 교회론을 세 교회론으로 발전시켜 주장했습니다. 하이트뮐러나 부셋 같은 학자들이 초대교회의 신학 발달사를 근본적으로 두 교회, 즉 '팔레스타인 유대 그리스도교'와 '헬라 이방 그리스도교'로 나누어서 설명하는 이러한 이론을 불트만이 받아들여 주장할 때, 불트만은 두 교회 사이에 또 다른 한 단계의 교회를 암묵적으로 설정하고 있다는 사실을 발견하게 됩니다. 그런데 페르디난드 한은 불트만에게 있어서 암묵적으로 불분명하게 나타나는 세 교회의 단계, 즉 ① 팔레스타인 유대 그리스도교, ② 헬라 유대 그리스도교, ③ 헬라 이방 그리스도교를 명확하게 구분해서 초대교회의 신학을 분류하고 초대교회의 신학의 발달과정을 설명하려 했습니다. 페르디난트 한은 그의 유명한 그리스도론에 관한 저술 『그리스도의 숭고한 칭호』(Christologische Hoheitstitel, Göttingen, 1963)에서 이 문제를 본격적으로 논의하고 있습니다. 그에 의하면 초대교회의 첫 번째 단계인 팔레스타인 유대 그리스도교란 아람어를 사용하는 예루살렘을 중심으로 하는 유대인들로 형성된 그리스도교를 말하고, 두 번째 단계인 헬라 유대 그리스도교란 헬라어를 사용하는 디아스포라(유대 땅을 제외한 여러 지역들)에 흩어져 사는 유대인들 가운데 전파된 복음에 의해 생성된 그리스도교를 말하며, 세 번째 단계인 헬라 이방 그리스도교는 디아스포라 세계의 개종한 이방인들에 의해 형성된 교회를 말한다는 것입니다. 페르디난트 한은 이렇게 초대교회의 발달과정을 세 단계로 나누어 놓고 바울신학이나 요한신학을 신약시대에 있어서 신학 발달 과정의 제일 마지막 단계, 즉 헬라 이방 그리스도교의 산물이라고 주장했습니다. 이러한 주장은 모두 종교사학파와 불트만류의 학설의 발전된 형태라고 하겠습니다.

그러나 초대 그리스도교를 두 교회 내지는 세 교회로 나누어 바울의 신학사상이 헬라 신비 종교의 영향을 받은 헬라 이방 그리스도교의 산물이라고 주장하는 종교사학파와 불트만류의 주장의 문제점은 그들이 논지를 전개함에 있어서 시간상의 문제와 역사상의 문제를 간과하고 있다는 데 그 원초적인 오류가 있습니다.

이러한 문제를 가장 예리하게 지적한 학자는 독일 튀빙겐대학의 신약성서학 교수였던 마르틴 헹엘(Martin Hengel, 1926-2009)이었습니다. 마르틴 헹엘은 역사가로서의 안목이 대단히 뛰어난 학자인데, 특히 신약성서를 구약과 신약의 중간시기에 팔레스타인과 헬라의 역사적, 종교사적인 배경 가운데 이해함에 있어서 타의추종을 불허하는 학문적 능력의 소유자였습니다. 그는 가장 기본적인 관찰로부터 시작하여 두 교회론 내지는 세 교회론의 입장에서 바울신학과 교회의 기원 문제를 설명하려는 종교사학파나 불트만, 그리고 페르디난트 한의 입장을 비판했습니다. 마르틴 헹엘은 그의 중요한 저서 『하나님의 아들: 기독론의 발생과 유대교-헬레니즘 종교사』[11]에서 다음과 같이 지적합니다. 바울이 그리스도교로 개종한 시기는 A.D. 30년경입니다. 그렇다면 예수의 죽

---

11   Martin Hengel, *Der Sohn Gottes. Die Entstehung der Christologie und die jüdisch-hellenistische Religionsgeschichte* (Tübingen: Mohr Siebeck, 1975), 2.durchges. u. erg. Aufl., 1977. 『하나님의 아들』(감은사).

음과 부활 이후 불과 2-3년 만에 바울이 초대교회에서 거의 유일하게 정규적인 유대 신학교육을 받은 신학자로서 – 바울은 유대교의 유명한 랍비 가말리엘의 제자였습니다(행 22:3) – 아주 초창기부터 초대교회에 참여했다고 할 수 있습니다. 그렇다면 바울이 어떻게 초대 그리스도교회 발달의 가장 끝 단계인 헬라 이방 그리스도교회에 소속될 수 있는가라는 질문이 여기에서 제기되는 것입니다. 또한 신약성서에 실려 있는 바울의 편지를 보면 제일 빠른 편지가 A.D. 48년 내지는 49년으로 추정됩니다. 다수의 의견은 데살로니가전서가 가장 빠른 편지로 A.D. 49년경으로 추정되며, 소수의 의견으로 가령 영국의 신학자 F. F. 브루스(Frederick Fyvie Bruce, 1910-1990)의 의견을 따르면 갈라디아서가 가장 빠른 편지로 A.D. 48년경에 쓰인 것으로 추정됩니다. 그렇다면 예수의 십자가의 죽음과 부활(A.D. 30년) 그리고 바울의 첫 번째 편지 사이의 시간 간격은 불과 18-19년 정도의 차이가 있을 뿐입니다. 그런데 바울은 과거 자신의 선교 사역을 통해 복음을 믿게 된 사람에게 편지를 쓰고 있습니다. 그렇다면 이 시간 간격은 몇 해쯤 더 줄어들게 됩니다. 바울의 초기 편지에서부터 가장 완숙한 단계의 편지라고 할 수 있는 로마서, 고린도전서, 고린도후서 등의 편지를 비교해 볼 때 바울의 그리스도론을 위시한 여러 신학적인 개념들 사이에 큰 발전이 관찰되지 않습니다. 로마서와 고린도전서, 후서의 기록연대는 보통 A.D. 57년에서 58년경으로 보는 것이 정설입니다. 이때쯤이면 바울사상이 거의 완성된 시기라고 할 수 있습니다. 이때의 서신들인 로마서나 고린도전서, 후서와 그의 초기 서신들을 비교해 볼 때 바울에게 사상적인 변화가 크게 발견되지 않습니다. 그렇다면 불과 15-16년 사이에 두 단계 내지는 세 단계의 교회들을 거쳐서 바울이 자기 신학을 발전시켜 나갔다는 주장은 매우 무리가 많은 주장이 아닐 수 없습니다. 이처럼 마르틴 헹엘은 가장 근본적인 시간상의 이유 때문에 두 교회론이나 세 교회론의 전제하에 바울사상의 기원과 초대교회의 발전을 설명하려는 종교사학파나 불트만류의 학설은 성립되기 힘들다는 사실을 논증했습니다.

또한 다른 예리한 비판이 영국 에버딘(Aberdeen)대학의 신약학 교수였던 하워드 마샬(Ian Howard Marshall, 1934-2015)에 의해 제기되었습니다. 그는 주장하기를 초대 그리스도교를 두 교회나 세 교회로 나누는 전제라는 것이, 당시 헬라사상과 유대교사상이 완전히 달랐고 디아스포라 세계에 사는 헬라파 유대인들의 사상과 팔레스타인 지역에 사는 유대인들의 사상이 완전히 달랐다는 식의 입장에 근거하고 있다는 것입니다. 그러나 역사적으로 볼 때 팔레스타인 지역은 B.C. 330년 알렉산더 대왕(Alexander der Große)에 의해 정복된 이래로 계속적인 헬라의 통치를 받아왔습니다. 고고학적인 발굴에 의하면 예루살렘에서 많은 유대인들이 헬라어를 사용했었고 예수의 제자들 중에도 헬라식(式) 이름을 사용한 사람이 있었으며 무덤에 헬라어 묘비명이 많았다는 사실이 밝혀졌습니다. 따라서 예수도 헬라어를 썩 잘했을 가능성이 있습니다. 왜냐하면 예수 당시 팔레스타인은 지극히 헬라화 된 지역이었기 때문입니다. 또한 헬라 사상이 유대교에 큰 영향을 주어서, 유대교 중에 정통 유대교를 대변하는 쿰란문서(Qumran Scroll)에도 헬라적인 용어나 헬라적인 이원론(Hellenistischer Duallismus)의 사고방식이 많이 침투되어 있었다는 사실을 확인할 수 있습니다. 따라서 종교사학파 사람들이나 불트만이 생각했던 것처럼 예수와 바울의 시대에 헬라 사상과 유대사상이 그렇게 본질적으로 다른 것이 아니었습니다. 그래서 팔레스타인 유대 그리스도교와 헬라 유대 그리스도교가 완전히 다른 사상적인 기반 위에 서 있었다는 주장은 큰 무리가 있는 견해가 아닐 수 없습니다. 이러한 입장에 근거해서 하워드 마샬은 초대 그리스도교를 두 교회 내지는 세 교회로 나누는 전제를 무너뜨렸습니다. 하워드 마샬은 종교사학파나 불트만류(流)의 학자들이 주장하는 것처럼, 이 신앙고백은 헬라 유대 그리스도교로부터 나왔고, 저 신앙고백은 팔레스타인 유대 그리스도교로부터 나왔다는 식으로 분류하는 그러한 주장이 역사상의 사실을 간과한 너무 억지스러운 주장이라는 것을 논증했습니다.

그러므로 두 교회론이나 세 교회론의 도식 속에서 초대교회의 신학의 발달과정과 바울의 신학사상을 재구성하려는 그와 같은 이론은 시간과 역사를 간과한 데서 발생한 원초적인 오류를 담고 있다고 할 수 있습니다.

2.5. 개신교 자유주의 신학의 영향

불트만에게는 19세기 개신교 자유주의 신학(Protestantische liberale Theologie)의 관념론의 영향이 강하게 나타납니다. 19세기 자유주의 신학의 관념론은 극단적인 인간 중심적 이성주의(Rationalismus)라고 할 수 있는데 그는 이러한 영향 하에 바울에게 있어서 신학의 중심은 인간론이라고 주장합니다. 바울신학이 인간론 중심의 신학이라고 하는 것은 불트만 신학의 중요한 강조점 가운데 하나입니다. 이에 대해서는 조금 뒤에 자세하게 설명하도록 하겠습니다.

2.6. 알베르트 슈바이처의 영향

불트만에게는 알베르트 슈바이처(Albert Schweitzer)로부터 받은 지울 수 없는 영향이 발견됩니다. 슈바이처의 '임박한 종말론'(konsequenze Eschatologie) 사상은 불트만에게 지대한 영향을 주었습니다. 그러다 보니 불트만에게 있어서도 종말론에 대한 강조가 매우 강하게 나타납니다. 슈바이처에 따르면 예수의 메시지는 윤리적인(ethisch) 것이 아니라 묵시적인(apokalyptisch) 것입니다. 예수는 임박한 하나님나라의 도래를 설교했다는 것입니다. 그러므로 예수의 생애는 철저하게 종말론적인 교의에 의해 지배되었다는 것입니다.[12]

그러나 불트만의 종말론은 슈바이처가 강조한 '임박한 종말론', 즉 시간적으로 임박한 미래에 있을 객관적인 종말론이 아니라 실존주의적으로 재해석된 종말론입니다. 바로 이 점이 슈바이처와 불트만 사이의 가장 큰 차이점입니다. 불트만의 종말론은 이 시간의 끝, 예를 들어 A.D. 1999년에 종말이 오고 하나님으로부터 심판과 구원이 있을 것이라는 식의 객관적인 시간적 종말론이 아닙니다. 그에게 있어서 종말이란 우리가 지금 여기에서 믿음의 결단을 통해 하나님과 대면(Begegnung)하고 우리의 죄로 물든 실존(Existenz)에 대한 심판, 즉 '거짓된 실존'인 '비(非)본래적 실존'에 대해 심판을 받고 '새롭고 참된 실존'인 '본래적인 실존'으로 회복되는 것을 의미합니다. 불트만에 따르면 이것이야말로 한 인간에게 있어서 구원이며, 이러한 구원이 옛 실존의 심판을 의미한다

12　Albert Schweitzer, *Geschichte der Leben-Jesu-Forschung* (Tübingen: Mohr Siebeck, 1951, 6.Aufl.), 368.

는 점에서 종말인 것입니다. 그러므로 불트만에 의하면 구원과 종말은 항상 지금 여기에서(nunc et hic) 일어나는 하나의 구체적인 사건입니다. 불트만은 종말을 역사의 미래에 일어나는 사건이 아니라 지금 여기에서 나의 실존적인 자각 내지는 각성(Erweckung)의 사건으로 이해했던 것입니다. 불트만은 이렇게 종말을 인간의 실존과 관련시켜 이해함으로써 성서의 역사적 종말론을 현재라는 시간 속으로 침투해 들어오는 영원한 '종말론적인 순간'(das eschatologische Augenblick)이라는 실존주의적인 개념으로 비신화화시켰습니다.[13] 그러나 불트만이 주장하는 것처럼 종말이 마지막 시간이 아니라 단지 실존주의적인 관점에서 현재라는 시간 속으로 침투해 들어오는 영원한 '종말론적인 순간'이라면 종말은 더 이상 객관적이고 시간적인 종말일 수 없으며, 그러기에 더 이상 역사의 미래와 관계할 수 없습니다. 그렇게 함으로써 불트만은 신약성서의 시간적이고 역사적인 종말론을 '비역사화(Entgeschichtlichkeit)' 내지는 '무역사화'(Geschichtslosigkeit)시켰던 것입니다. 이렇게 종말을 불트만처럼 이해하게 되면 종말론은 세계사(Weltgeschichte)의 전망과 지평을 상실하게 되는

---

13 바울에게서 발견되는 멀지 않은 미래에 발생할 우주적인 사건으로서의 종말을 불트만은 '종말론적인 순간'이라는 실존주의적 개념으로 대체시키고 있다(Rudolf Bultmann, "Rezension", in: Ders., *Glauben und Verstehen*, I [Tübingen: Siebeck Mohr, 1958, 3.Aufl.], 38-64). 이것이 바로 불트만에게 나타나는 하이데거의 영향이다.

문제가 발생합니다. 세계사가 인간 개인의 실존 속으로 환원되어 폐기되어 버리기 때문입니다.

> 결정적인 역사는 세계사나 이스라엘의 역사나 다른 민족의 역사가 아니라, 개인이 경험하는 실존적인 역사다. 역사에 있어서 결정적으로 중요한 사건은 그리스도와의 만남이다. … 오직 그리스도와의 만남을 통해서만 각 개인은 정말 역사적으로 실존하기 때문이다.[14]

그러므로 불트만에게 있어 종말론과 관련해 중요한 것은 그리스도와의 만남을 통한 개인의 실존적인 자각과 각성에 있습니다. 그렇지 않다면 역사는 나 개인에게 아무런 의미가 없다는 것입니다.

그러나 불트만이 주장하는 시간 속으로 침투해 들어오는 영원한 '종말론적인 순간'으로서의 종말론은 바울적인 관점에서 볼 때 대단히 의심스럽고 회의적인 것입니다. 왜냐하면 바울은 종말을 아들이 아버지에게 나라를 양도하는 '나라 양도'의 개념(고전 15:24)과 더불어 미래의 종말론을 표현하고 있기 때문입니다. 나라의 양도는 '아들의 순종의 완성'을 의미하니

---

14 Rudolf Bultmann, "Geschichte und Eschatologie im Neuen Tesmtament", in: Ders., *Glauben und Verstehen* , III., 3.Auflage (Tübingen: J. C. B. Mohr), 102.

다.[15] 아들의 통치는 모든 죽은 자들의 부활과 죽음의 폐기와 더불어 완성될 것입니다.[16] 바울에 따르면 죽음의 권세는 장차 오시는 분의 통치에 의해 종국적으로 극복될 것입니다. 그리고 난 후에 아들은 아버지에게 그 나라를 양도할 것이며, 그것과 더불어 하나님은 '모든 것 안에 모든 것'(alles in allem)이 되실 것입니다(고전 15:28).[17] 그러므로 바울에 따르면 종말은 불트만이 주장하는 것처럼 실존적인 각성이 아니라 명백하게 미래적인 지평을 가진 역사적이고 시간적인 사건입니다. 율리우스 슈니빈트(Julius Schniewind)가 정당하게 지적했던 것처럼 종말론은 영원한 현재로서의 실존적인 각성을 질문하는 사상이 아니라 시간진행의 목표, 의미, 목적을 질문하는 사상입니다.[18] 영원한 순간으로서의 종말론은 불트만 이전에 이미 슐라이어마허(F. D. E. Schleiermacher)에게서도 발견되는 사상입니다. 슐라이어마허는 다음과 같이 말했습니다.

유한성의 한 가운데에서 무한성과 더불어 하나의 순간 속에 영

---

15   Jürgen Moltmann, *Das Kommen Gottes: Christliche Eschatologie* (Gütersloher: Chr. Kaiser/Güterslohr Verlaghaus, 1995), 363.

16   Jürgen Moltmann, *Das Kommen Gottes*, 363.

17   W. Thüsing, *Per Christum in Deum. Studien zum Verhältnis von Christozentrik und Theozentrik in den paulinischen Hauptbriefen* (Münster: Aschendorff, 1968).

18   J. Schniewind, *KuM*, I, 105.

원함이 존재할 것이다. 그것이 곧 종교의 불멸성이다.[19]

우리는 슐라이어마허에게서 종말론을 '무(無)시간화'(Zeits-
losigkeit)시키고, '무(無)역사화'(Geschichtslosigkeit)시키는 불트
만적인 오류와 오독의 '선취'(anticipatio)와 만납니다.

이미 전술한 것처럼 불트만은 구원과 종말을 지금 여기
에서 일어나는 하나의 사건으로 보았습니다. 임마누엘 칸트
(Immanuel Kant)의 선험적 감성론에 따르면 공간은 인간의 '외
적인 경험의 형식'이고, 시간은 인간의 '내적인 경험의 형식'
으로 규정됩니다. 그래서 칸트식(式)으로 생각한다면 종말론
적인 시간은 인간인 나의 미래적인 기대에 대한 오늘의 나의
경험인 것입니다. 즉, 칸트에 의하면 어떤 시간도 그것이 비
록 종말론적인 시간이라고 할지라도, 그것이 시간인한 인간
의 '내적 의식'(innere Bebusstsein)을 떠나서는 존재할 수 없습
니다. 이러한 칸트적인 시간관과 하이데거의 실존이해의 토
대 위에서 불트만은 슈바이처의 임박한 종말론을 내적이고
실존주의적인 견지에서 재해석했던 것입니다. 객관적인 시간
과 역사를 인간 개인의 실존 안으로 '지양'(Aufhebung)시켜 버
리는 불트만의 종말론은 예수 그리스도의 파루시아(재림)에
대한 성서의 희망과 전망을 비(非)역사화시키고 비시간화시킬

뿐만 아니라 예수 그리스도의 죽음과 부활에 대한 성서의 증언을 또한 비역사화시키고 비시간화시키는 오류를 범하고 있습니다.[20] 그리고 불트만의 종말론과 관련하여 한 가지 사실을 더 첨언한다면 종말론에 대한 불트만의 실존주의적인 이해는 제2차 세계대전의 암울한 현실 가운데서 미래 역사의 전망과 희망을 발견할 수 없었던 시대에, 인간 개인의 실존 속에서 역사의 의미를 찾고자 했던 불트만이 속한 시대적인 상황과도 깊은 관련이 있는 것으로도 사료됩니다.[21]

2.7. 마르틴 하이데거의 영향

루돌프 불트만은 초기 하이데거(Marin Heidegger)의 실존주의 철학의 영향을 강하게 받았습니다. 불트만은 하이데거보다 2년 먼저, 즉 1921년 마르부르크대학의 교수로 부임하여 1922년부터 1928년까지 그곳에서 하이데거가 프라이부르크대학으로 자리를 옮길 때까지 동료 교수로 지냈습니다. 그 이후 불트만과 하이데거의 우정은 평생 동안 지속됩니다. 그러나 두 사람 사이의 사상적인 상관성은 불균형의 상태로

---

20 참조, Jürgen Moltmann, *Wissenschaft und Weisheit: Zum Gespräch zwischen Naturwissenschaft und Theologie* (Gütersloh: Chr. Kaiser/ Gütersloher Verlaghaus, 2002), 119.

21 김균진, "불트만의 실존신학", 『현대신학사상』 (서울: 새물결플러스, 2014), 147.

유지됩니다. 왜냐하면 불트만이 하이데거에게 받은 영향만큼 하이데거가 불트만에게 받은 영향은 별로 크지 않았기 때문입니다.[22] 신학자인 불트만은 인간이 그리스도교의 복음, 즉 인간에게 구원을 주시는 하나님의 말씀과 만날 수 있는 인간의 존재론적인 '접촉점'(Anknüpfungspunkt)을 찾기 위해서 하이데거의 사상을 사용한 반면, 철학자인 하이데거는 불트만처럼 신앙을 전제로 사유하는 것은 철학의 길이 아니라고 생각했던 것입니다. 어쨌든 불트만이 하이데거의 실존철학에 매력을 느끼게 된 것은 하이데거의 철학이 인간 실존의 구조에 대한 분석을 제공해 준다고 생각했기 때문입니다. 그래서 불트만은 하이데거의 실존주의적인 존재 분석을 자신의 신학에 차용하여 인간으로부터 시작하여 하나님께로 나아가는 가능성을 모색했습니다.[23] 1924년 여름, 하이데거는 불트만의 요청으로 마르부르크대학 신학부에서 '시간의 개념'(Der Begriff der Zeit)이라는 주제로 강의를 하게 됩니다. 이 강의에서 하이데거는 '현존재'(Dasein, 거기에 있음)의 가장 중요한 근본구조는 다름 아닌 시간성임을 강조하면서 시간성을 '사멸성'으로 설명했던 것입니다. 즉, '현존재는 … 자신의 죽음

---

22   Rüdiger Zafranski, 『하이데거, 독일의 철학 거장과 그의 시대』 (서울: 북캠퍼스, 2017), 234.

23   김균진, "칼 바르트의 변증법적 신학", 『현대신학사상』 (서울: 새물결플러스, 2014), 34.

을 의식하며 … 현존재란 지나감 속에 있는 존재'라는 것입니다.[24] 우리는 삶에서 지나감을 인식합니다. 그리고 이 지나감에 대한 인식이야말로 생의 소멸과정에 대한 경험입니다. 그리고 우리는 이러한 소멸과정에 대한 경험으로부터 시간을 체험한다는 것입니다. 그러므로 하이데거에 따르면 '지나감이란 생의 종말에 있을 죽음의 사건이 아니라 생의 수행방식, 즉 내 현존재 자체의 존립방식'입니다.[25] 불트만은 이러한 하이데거의 시간성에 대한 사유로부터 그리스도교의 복음이 인간에게 접촉할 수 있는 지점을 포착해 냅니다. 불트만에 따르면 우리가 그리스도교의 복음을 받아들이기 전, 우리는 온갖 불안과 염려와 공포를 품은 채 '죽음을 향한 존재'로서의 자신의 사멸성을 감지하지 않을 수 없습니다. 이러한 인간에게 십자가와 부활의 케리그마는 신앙을 가진 사람들에게 존재의 변화를 의미합니다. 즉, 여기서 부활 사건이란 미래에 발생될 사건이 아니라 인간 내면의 각성과 변화로써 지금 여기에서 발생하는 사건이 된다는 것입니다. 인간이 지나감 속에서 자신의 사멸성을 철저히 깨달을 때 현존재로서의 인간은 자신이 죽을 수밖에 없는 존재라는 것을 지금 여기에서 심각하게 의식하고 그리스도의 십자가의 죽음과 부활의 케

---

24   Martin Heidegger, *Der Begriff der Zeit* (Tübingen: Neimeyer, 1989), 12.

25   Martin Heidegger, *Der Begriff der Zeit*, 18.

리그마를 향한 신앙의 결단 속에서 부활을 경험하게 된다는 것입니다. 불트만에 따르면 이것이야말로 신약성서가 우리에게 전하는 역설(paradox)이며 선포의 메시지라는 것입니다.[26]

불트만에 따르면 인간은 자신의 존재 자체 속에 하나님에 대한 물음을 가진 존재입니다. 인간은 존재의 참된 의미와 생의 참된 의미가 무엇인지를 묻는 존재입니다. 어떻게 살 것이며 어떻게 죽을 것인가를 묻는 존재입니다. 그는 이렇게 존재와 인생의 의미와 가치를 묻는 질문 자체가 하나님에 관한 질문이라고 말합니다. 이러한 질문에 대해서 인간은 나름대로의 선(先)이해(Vorverständnis)를 가지고 있으며, 이러한 선이해는 곧 하나님에 관한 선이해를 의미하는 것이기도 합니다.[27] 이러한 실존주의적인 사고는 불트만이 하이데거로부터 배운 것입니다.

하이데거에 따르면 인간의 존재는 '현존재'(Dasein), 즉 '거기에 있음'의 존재며 '세계 속에 있는 존재'(In-Der-Welt-Sein)이며 '눈앞에 있음'(Vorhandenheit)의 존재이며 '함께 거기에 있음'의 존재입니다. 존재는 독일어로 '자인'(Sein)인데, 이 단어를 우리로 직역하면 '있음'이라는 뜻입니다. 하이데거에 따르면 있음, 즉 존재는 언제나 '거기에 있음'(da[거기에. 그곳

---

26 Rüdiger Zafranski, 『하이데거. 독일의 철학 거장과 그의 시대』, 235-236.

27 김균진, "칼 바르트의 변증법적 신학", 『현대신학사상』 (서울: 새물결플러스, 2014), 34.

에]+Sein[있음])을 의미합니다. 거기에 있어야만 존재라는 것입니다. 어떤 인간도 그 인간이 유령이 아니고 존재인 한 거기에 있음을 피할 수 없습니다. 방에 있든, 화장실에 있든, 복도에 있든, 길거리에 있든, 언제나 거기에(그곳에) 있어야 유령이 아니라 존재인 것입니다. 그런 점에서 하이데거는 모든 존재, 즉 있음은 '세계 속에 있는 존재'이고, '함께 거기에 있는 존재'이며, '눈앞에 있음'의 존재라고 말합니다. 이런 식으로 하이데거는 존재의 의미를 집요하게 묻고 분석함으로써 존재의 구조를 밝히 드러내고자 했습니다. 그리고 하이데거는 또한 인간의 존재를 '비본래적인 존재'(uneigentliche Existenz)와 '본래적인 존재'(eigentliche Existenz)로 구분합니다. 인간은 본래적인 존재가 될 수 있는 가능성을 갖고 있지만 죽음의 가능성에 직면하여 '염려'(Sorge)와 '불안'(Angst) 속에서 그 가능성을 상실한 채 비본래적 존재로서의 삶을 살아간다는 것입니다. 하이데거는 그러므로 인간은 지금 여기에서의 실존적인 각성과 결단을 통해서 자신의 실존의 비본래성을 벗어 버리고 본래적 실존이 될 것을 역설합니다. 불트만은 이러한 하이데거의 존재에 대한 분석을 받아들이지만, 인간의 '비본래적인 실존'으로부터 '본래적 실존'으로의 전이의 가능성을 하이데거가 말하는 것처럼, 인간 존재 자체의 실존적인 결단이 아닌 외부로부터 인간에게 주어지는 하나님의 말씀, 즉 케리그마, 구체적으로 말한다면 십자가의 말씀 앞에서의 신앙의 결단을 통해서만 가능하다고 역설합니다. 여기에서 인간 존재 자체의 실존적 결단이냐, 아니면 하나님의 말씀, 즉 케리그마 앞에서 신앙의 결단이냐가 하이데거와 불트만을 가르는 분기점이라 하겠습니다. 불트만은, 실존철학은 나 자신의 실존을 벌거벗겨 그리스도교의 복음, 즉 케리그마와 대질시키고, 그렇게 함으로써 "성경 말씀을 향하여 나를 개방시킨다고"[28] 말합니다.

불트만의 성서주석방법인 비신화화 이론은 신약성서의 실존주의적 해석을 위한 방법론으로 고안된 것입니다. 즉, 비신화화 이론 자체가 하이데거와의 조우로부터 탄생한 주석방법이었던 것입니다. 불트만은 하이데거의 현존재 분석에 근거해서 인간의 상황과 실존을 서술하고자 했습니다. 그래서 그는 '던져져 있음'(Geworfenheit), '염려'(Sorge), '시간성'(Zeitlichkeit), '죽음'(Sterben) 그리고 '비본래성'(Uneigentlichkeit)으로의 도피 등의 개념을 사용하여 성서 본문을 실존주의적인 관점에서 새롭게 해석하고자 했으며 이를 위해 비신화화 이론을 사용했던 것입니다.

---

28 H. Zahnt, Die Sache mit Gott (München, 1988), 245를 따라 재인용.

2.8. 요약

이상에서 우리가 살펴본 것처럼 불트만 이전의 여러 신학적인 경향들이 불트만에게 영향을 주었고 그는 자신의 선대의 이 모든 경향들을 종합했습니다. 이러한 종합(Synthesis)에 있어서 불트만이 부각해 강조한 하나의 새로운 차원이 있다면 마르틴 하이데거(Martin Heidegger)의 실존 이해에 근거해서 바울을 재해석한 것에 있습니다. 네덜란드 캄펜(Kampen)의 신약성서학자 헤르만 니콜라스 리델보스(Herman Nicolaas Ridderbos)가 정당하게 지적한 것처럼, 이것이 아마도 20세기에 불트만의 신약성서 해석의 새로운 공헌이라면 공헌이라 하겠습니다. 그는 하이데거의 실존 이해를 성서 본문 주석에 사용했던 최초의 성서학자였던 것입니다.

3. 불트만 신학의 강조점

이제부터 불트만 신학의 몇 가지 강조점을 살펴보도록 하겠습니다.

3.1. 인간론 중심적 신학

불트만 신학의 특징은, 그의 신학이 인간중심적이라는 것입니다. 20세기의 신학자들 가운데 불트만만큼 예수 그리스도 사건을 철저히 인간의 실존과의 관계 속에서 해명하고자 했던 신학자는 없었습니다.[29] 불트만은 자신의 저서 『신약신학』[30]에서 하나의 원칙을 천명합니다. 그 원칙은 바울에게 있어서 신론은 곧 인간론이며, 그 역도 또한 옳다는 것입니다. 즉, 인간론은 곧 신론이라는 것입니다. 그래서 불트만은 종종 '신학'을 '인간학'으로 변질시켰다는 비판을 받기도 했습니다. 어쨌든 불트만에 따르면 그리스도에 대한 어떠한 언명(言明)도 동시에 인간에 대한 언명이요, 인간에 대한 모든 언명이 또한 그리스도에 대한 언명이라는 것입니다. 즉, 그리스도에 대해 우리가 무엇이라고 말하든지 그것은 동시에 인간에 대해 말하는 것입니다. 이 말은 도대체 무슨 뜻일까요? 성서가 하나님에 관해 말할 때 항상 성서는 우리의 창조주(Creator), 우리의 구원자(Salvator), 우리의 심판자(Judex)로서의 하나님에 관해 말한다는 것입니다. 항상 인간과 관계하시고, 그러기에 인간에게 말씀하시고, 인간에게 은총을 베풀어주시고, 인간에게 요청하시는 분으로 하나님을 묘사한다는 것입니다. 즉, 인간은 자신과 관계되어 있는 존재로서의 하나

---

29   김균진, "불트만의 실존신학", 『현대신학사상』(서울: 새물결플러스, 2014), 148.

30   Rudolf Bultmann, *Theologie des Neuen Testaments* (Tübingen: Mohr Siebeck, 1953).

님에 관해 말할 수 있을 뿐이라는 것입니다. 그러므로 하나님에 대한 바울의 신론은 동시에 인간론이며, 그 역도 참이라는 것입니다.

바울은 인간을 하나님으로부터 독립된 존재로 보지 않고 하나님의 피조물로서 하나님의 요구 앞에 서 있는 존재요 하나님의 은총에 의존해서 살지 않으면 안 되는 존재로 본다는 것입니다. 바울은 중세 스콜라 철학처럼 하나님의 속성이 이러이러하다는 식으로 하나님에 대해 순수형이상학적인 묘사나 사변을 일삼지 않는다는 것입니다. 가령 바울이 하나님을 거룩하신 분으로 묘사한다면 그것은 인간과의 관계에서 그분이 거룩하시다는 뜻입니다. 하나님이 전능하신 분이라고 한다면 그것은 인간이 하나님께 의존할 수밖에 없는 존재임을 말하기 위함입니다. 그래서 불트만은 바울의 신론은 인간론이며, 동시에 인간론은 신론이라는 사실을 강조합니다.

또한 바울은 그리스도께서 '신성'(*natura divina*)과 '인성'(*natura humana*)을 어떻게 취하셨는가에 대해서 결코 사변적으로 토론하지 않는다는 것입니다. 바울이 그리스도의 신성을 주장할 때, 그것은 그리스도가 인간에게 하나님을 보여주시는 분이며 그러기에 인간은 그리스도를 통해서만 하나님을 알 수 있다는 사실을 말하기 위해서 그리스도의 신성에 관해서 말하고 있다는 것입니다. 바울이 그리스도의 인성에 관해서 말할 때는 인간이 예수 그리스도라는 한 인간 대표자를 통해서만 하나님의 요구를 만족시킬 수 있다는 의미에서 그리스도의 인성을 말한다는 것입니다. 그래서 불트만에 의하면 바울의 그리스도론은 그리스도의 신성과 인성을 사변적으로 토론하기 위해 주장된 사상이 아니라 그리스도가 우리의 구원자가 되신다는 사실을 말하기 위해 주장된 사상이라는 것입니다. 불트만은 주장하기를 바울에게 있어서 그리스도론은 또한 구원론이며, 그 역도 참이라는 것입니다. 불트만의 『신약신학』을 읽어보면, 그는 바울의 신학을 인간론 중심으로 크게 두 부분으로 나누어 전개하고 있습니다. 제1부는 '믿음이 오기 전의 인간'이고, 제2부는 '믿음 아래의 인간'입니다. 이렇게 두 부분으로 나누어서 바울의 신학을 요약하고 체계화하고 있습니다.

제1부, '믿음이 오기 전의 인간'에서 불트만은 인간이 어떻게 하나님의 피조물로서 세상에 존재하게 되었고, 어떻게 하나님 앞에서 죄를 지은 죄인인가 등을 다룹니다. 그래서 제1부에서 다루어지는 신학적 주제들은 '세상'(κόσμος), '죄'(ἁμαρτία), '율법'(νόμος), 인간의 '육체'(σάρξ)와 '몸'(σῶμα) 등의 문제입니다.

그리고 제2부 '믿음 아래의 인간'에서 불트만은 믿음이란 무엇인가, 구원이란 무엇인가, 은혜란 무엇인가, 믿음에 의해 인간이 의롭다 함을 받는다는 말은 무슨 뜻인가 등을 토론합니다.

이처럼 불트만은 철저하게 인간론 중심으로 바울신학을 요약합니다. 그 이유는 앞에서 말씀드린 대로 불트만이 19세기의 자유주의신학의 관념론을 이어받아서 궁극적으로 인간의 실존은 어느 시대 어떤 상황을 막론하고도 불변하는 것이고 다른 것들, 즉 신학에 있어서 그리스도론이라든지, 구원론이라든지 이러한 기타의 논의들은 인간의 자기 실존 이해를 표현하기 위한 다양한 언어 수단에 불과하다고 생각한 데서 기인하는 것입니다. 그러므로 하나님은 인간 실존과의 관계 속에 있기 때문에 하나님에 관한 진술은 인간 실존에 관한 진술과 분리될 수 없다는 것입니다. 따라서 불트만에게 있어서 인간 실존의 자기이해야말로 신학에 있어서 가장 중요한 주제이고, 성서에 나타나는 인간 실존의 자기이해를 해석하고 해명하여 오늘날의 언어와 술어로 다시 표현하는 것이야말로 우리가 바울신학을 논의함에 있어서 관심을 집중시켜야 하는 문제라는 것입니다.

물론 불트만은 인간의 실존을 떠나서도 하나님은 존재한다는 사실을 부정하지 않습니다. 불트만은 인간이 존재하지 않아도 하나님은 존재한다는 사실을 인정합니다. 그럼에도 불구하고 불트만은 인간의 자기이해 및 실존과 관계없는 하나의 대상으로서의 하나님에 대한 사변은 인간에게 무의미하다는 사실을 강조합니다. 인간은 자신의 실존적인 상황과의 관계 속에서 하나님에 대해 말할 때라야 하나님에 대한 진술이 인간에게 유의미하다는 것입니다. 그러므로 하나님의 존재는 우리 자신의 실존과의 관계 속에서 파악되어야만 합니다.

> 우리가 하나님에 관한 진술이 어떻게 가능한가에 대해 질문을 받을 경우, 하나님에 관한 진술은 오직 우리 자신에 관한 진술로서만 가능하다고 대답할 수밖에 없다.[31]

그러므로 인간이 하나님 앞에서 자신의 삶과 실존을 새롭게 이해할 때라야 하나님은 인간에게 의미심장한 존재로 인식될 수 있습니다.[32]

3.2. 영지주의

불트만 신학의 중요한 강조점 중 하나는 '영지주의'(Gnotizismus)입니다. 불트만에 의하면 바울 이전의 헬라 교회나 바울 자신도 당시 헬라 세계에 널리 유포되어 있었던 영지주의 사

---

31 Rudolf Bultmann, "Welchen Sinn hat es, von Gott zu reden?" in: Ders., *Glauben und Verstehen*, I, 7.Auflage (Tübingen: J. C. B. Mohr, 1972), 33.

32 Rudolf Bultmann, "Welchen Sinn hat es, von Gott zu reden?", 26.

상과 개념을 사용해서 그리스도교적인 실존 이해를 표현하는 수단으로 사용했다는 것입니다. 이러한 사상은 불트만이 빌헬름 부셋과 더불어 종교사학파(Die Religionsgeschichtliche Schule)의 또 한 명의 거장인 리하르트 라이첸슈타인(Richard Reitzenstein)으로부터 받은 영향입니다. 라이첸슈타인의 1910년 저서 『헬라 신비종교』[33]는 불트만의 영지주의 이해에 결정적인 영향을 주었습니다. 불트만은 라이첸슈타인의 사상을 계승하여 '영지주의 구원자 신화'가 바울과 요한의 그리스도론에 결정적인 영향을 주었고, 이러한 영지주의 사상을 바르게 이해하고 해석하는 것이야말로 신약성서의 사상을 바르게 이해할 수 있는 첩경이라고 생각했습니다. 불트만이 성서의 해석학적 이론으로 내놓은 소위 비신화화 이론(Entmythologisierungslehre)이라는 하나의 획기적인 주석 내지는 해석 방법론은 이러한 영지주의 신화의 양식(Form)을 밝히는데 그 핵심이 있었음은 두말할 필요가 없습니다. 불트만은 자신의 저서 『신약신학』에서 바울신학을 논의하기 이전에 바울 이전의 헬라 그리스도교 신학을 논구하면서 '영지주의'라는 소고(section)를 게재하고 있는데 이 글은 불트만을 이해하는 데 매우 중요한 단서를 제공하는 글입니다.

---

33   Richard Reitzenstein, *Die Hellenistische Mysterienreligionen nach ihren Grundgedanken und Wirkungen* (Darmstadt), Nachdruck der 3.Aufl., von 1910, 1927, 1956.

불트만에 따르면 영지주의의 근본은 인간과 세계에 대한 새로운 이해에 있다는 것입니다. 영지주의는 이 세상을 인간 영혼의 '감옥'(σῆμα)이며 타향으로 봅니다. 그리고 인간의 진정한 자아인 영혼의 고향은 바로 이데아(ιδέα)의 세계, 즉 영원의 세계라는 것입니다. 그런데 시간의 세계인 이 세상은 인간의 진정한 자아인 영혼의 감옥이고 타향일 뿐입니다. 이 세상 속에서 인간의 진정한 자아인 영혼이 여러 악령들에 의해 감옥에 갇혀 있어서 대다수의 인간들이 자기 본향을 망각하고 이 세상이 진짜 자신들의 삶의 무대이며 고향이고, 자기 존재의 모든 것이라고 착각한다는 것입니다. 이 세계는 물질의 세계이고, 시간의 세계이며, 암흑의 세계로서 본질(essentia)의 세계가 아니고, 본질이 모사(模寫)된 '가짜 세계', 즉 '비(非)본래적 세계'에 불과하다는 것입니다. 그런데 인간의 영혼은 가짜 세계인 이 세상에 갇혀 있어서, 이 세상의 가치들이 가짜이며 환상에 불과함에도 불구하고 그것이 마치 우리에게 행복을 줄 것 같이, 마치 영생이나 구원을 줄 것 같이 우리를 속이고, 그래서 우리는 이 세상의 가치들을 추구하려고 발버둥친다는 것입니다. 영지주의에 따르면 돈, 권력, 명예, 이 세상의 지식 같은 것들은 사실상 시간의 세계, 즉 지나가는 세계에 속한 것이기 때문에 시간과 더불어 지나가며 종국에는 썩어 없어져 버릴 것들입니다. 이런 것들은 잠깐 있다가 사라져 버릴 것들이기 때문에 비본질적인 것입니다. 그러기에 그런 가치를 얻었다고 한들 그것들은 우리에게 어떠한 행복도 구원도 약속해 주지 못한다는 것입니다. 그런데 인간들은 이러한 가짜 세상 속에서 세상의 가치들이 우리에게 행복을 보장해 줄 것이라고 착각하면서 살고 있다는 것입니다. 그래서 우리 영혼은 이 세상의 가짜 모조품의 환상에 갇혀 있는 한 결코 구원받을 수 없다는 것입니다. 그 가짜 모조품들은 모두 시간의 세계와 함께 지나가 버리는 것이며 썩어 없어져 버리는 것들입니다. 그러므로 영지주의에서 구원이란 진정한 자아로서의 영혼이 자신의 고향이 이 세상이 아니라 영원의 세계, 즉 본질의 세계라는 사실을 알게 되는 것을 의미합니다. 즉, 고향에 대해서 알게 되어 ─ 이 세상이 가짜임을 알게 되어 ─ 이 세상의 가치로부터 자유로워지고, 그리하여 영원한 가치의 세계인 영원의 세계로 회귀하는 것이 구원이라는 것입니다.

영지주의자들에 의하면 상기의 이러한 사실들을 어떻게 알 수 있다는 것일까요? 그것은 영지(靈知, 영적 지식), 즉 '지식'을 통해서 알 수 있습니다. 이 지식을 헬라어로 '그노시스'(γνῶσις)라고 부릅니다. 이 지식은 세상에 속한 것이 아니고, 이데아의 세계, 즉 본질의 세계에 속한 것이며, 이 세상은 '가짜'(ectypa)라는 것입니다. 이 세상에서 우리가 추구하는 모든 가치들이 가짜라는 것이지요. 이것이 영지주의 사상의 핵심에 대한 대략적인 요약입니다. 영지주의 사상은 헬라의 이원론적인 세계관의 전형적인 구조를 갖고 있는데 그것은 아마도 영지주의 사상이 헬라의 오르페우스교(Orphizismus)나 이란의 조로아스터교(Zoroastrianismus)의 이원론 사상과 섞여 만들어진 사상이기 때문일 것입니다. 어쨌든 이 영지주의 사상은 시간이 지나가면서 구원자 신화로 객관화되어 극화(Drama)되었습니다.

그러면 이제부터 '영지주의 구원자 신화'(Der Gnostische Erlösermythos)의 내용을 살펴보도록 하겠습니다. 영지주의 구원자 신화는 다음과 같은 질문으로 시작합니다. 왜 인간의 참된 자아인 영혼이 가짜의 세계인 현상의 세계로 떨어지게 되었을까요? 그 이유는 태초에 '처음 인간'(헬라어: πρωτος ἄνθρωπος, 독일어: Urmensch, 영어: primal man), 즉 가요마트(Gayomart)라고 불리어지던 천상의 존재가 - 그는 영원한 빛과 본질의 세계에 속한 자였는데 - 천상에서 악의 세력과 싸움을 하다가 악의 세력에 패배하여 지상으로 굴러 떨어지게 되었기 때문입니다. 태초의 인간인 가요마트가 세상으로 굴러 떨어질 때, 그는 영원의 세계, 본질의 세계, 빛의 세계에 속한 자로서 그 몸이 빛으로 된 자아였습니다. 이러한 가요마트가 지상으로 굴러 떨어졌을 때 몸이 산산조각 나서 갈기갈기 찢어집니다. 그런데 원래 가요마트의 몸은 빛으로 이루어져 있었고, 그 몸이 찢어지면서 파편들이 전 세계로 퍼져 나갔습니다. 바로 이 빛의 파편들이 인간들의 영혼이 되었다는 것입니다. 그런데 인간들 중 어떤 자들은 빛의 파편을 많이 받았고, 어떤 자들은 빛의 파편을 적게 받았으며, 어떤 자들은 빛의 파편을 한 조각도 못 받았다는 것입니다. 그래서 영지주의에서는 인간을 3등급으로 나누어서 ① 영적 존재(빛의 파편들을 많이 받은 인간들), ② 혼적 존재(빛의 파편들을 적게 받은 인간들), ③ 육적 존재(빛의 파편들을 전혀 받지 못한 인간들)로 등급을 매깁니다. 그리고 영적 존재, 즉 영지적인 인간들만이 그들의 영혼 속에 아직 본향에 대한 영적인 지식(영지), 즉 그노시스가 가물가물 살아있다는 것이며, 그 가물가물하게 살아있는 상태를 잠자는 상태라고 보았습니다. 즉, 본향에 대한 지식이 영지적인 인간들의 영혼 속에 잠자는 상태로 살아있다는 것입니다. 그런데 마지막 때에 어찌 된 일인지 가요마트가 인간(ἄνθρωπος)으로 나타나서 암호를 발하게 되는데, 그 암호를 '영지'(γνῶσις, 그노시스), 즉 비밀지식이라고 부릅니다. 인간으로 나타난 가요마트가 '암호'(Chiffre)를 발하게 되면 가요마트의 몸의 파편을 많이 받아서 하늘의 세계, 즉 본향에 대한 의식이 가물가물하게 살아있는 인간들만 그 암호를 알아듣는다는 것입니다. 영적 인간들은 가요마트가 발한 비밀지식인 암호를 알아듣고 모여들어 찢어졌던 가요마트의 몸을 다시 형성시킨다는 것입니다. 산산조각 났던 태초의 인간인 가요마트는 자신의 몸을 다시 복구시켜 그의 몸을 이룬 영적 인간들과 함께 다시 하늘로 되돌아간다는 것입니다.[34] 그래서 가요마트와 함께 영적 인간들이 이 세상을 벗어나서 빛의 세계, 즉 영원한 세계로 복귀하는 것이 곧, 구원인데 이때 필요한 암호가 비밀지식으로서의 영지주의의 지식이며, 영지주의 종교에 입교하게 되면 그 지식을 입교한 사람에게 가르쳐 준다는 것입니다. 이러한 비밀지식에 의해 모여든 자들만을 태초의 인간이 하늘로 인도해 갑니다. 그러므로 가요마트야말로 믿음의 개척자요, 구원의 완성자인 것입니다.

상기의 내용이 영지주의자들이 그림언어로 객관화시키고 극화(drama)시킨 '영지주의 구원자 신화'의 요지입니다. 이러한 그림언어를 통해서 볼 때, 주목받는 본문이 빌립보서에 나오는 '그리스도 찬송시'(빌 2: 5-11)입니다.

"너희 안에 이 마음을 품으라 곧 그리스도 예수의 마음이니, 그는 근본 하나님의 본체시나 하나님과 동등됨을 취할 것으로 여기지 아니하시고, 오히려 자기를 비워 종의 형체를 가지사 사람

---

34 이동영, "역사적 예수 불가지론에 대항하여", 『신학 레시피』 (서울: 새물결플러스, 2020), 334-335.

들과 같이 되셨고 또한 사람의 모양으로 나타나사 자신을 낮추시고 죽기까지 복종하셨으니 곧 십자가에 죽으심이라. 이러므로 하나님이 그를 지극히 높여 모든 이름 위에 뛰어난 이름을 주사, 하늘에 있는 자들과 땅에 있는 자들과 땅 아래에 있는 자들로 모든 무릎을 예수의 이름에 꿇게 하시고, 모든 입으로 예수 그리스도를 주라 시인해 하나님 아버지께 영광을 돌리게 하셨느니라"

이 찬송시에 나타나는 사상은 그리스도가 하나님과 원래 동일한 본질이었으나 스스로 낮아져서 종의 신분을 취하여 사람이 되시어 이 세상에 오셨고 십자가에 죽기까지 순종하셨는데, 그러한 그리스도를 하나님께서 높이셨다는 것입니다. 요한복음의 그리스도론과 히브리서의 그리스도론도 유사한 그림으로 나타납니다. 그래서 불트만은 주장하기를 바울의 그리스도론이나 요한의 그리스도론이나, 히브리서의 그리스도론이 모두 '영지주의 구원자 신화'를 예수에게 뒤집어 씌워서 역사화한 것에 불과하다는 것입니다. 그래서 불트만은 '영지주의 구원자 신화'를 '스스로 구원받은 구원자 신화'(erlöster Erlösermythos)라고 불렀습니다. 이 말은 구원자 신화란 태초의 인간이 창세 전에 암흑의 세계와의 투쟁에서 패배했기 때문에 구원받아야 할 존재가 되어버렸는데 자기 스스로 구원받은 과정에서 자기 몸의 파편들을 다시 모아서 자기 몸의 파편들을 받은 영지적인 인간들을 구원하는 구원자가 된다는 내용을 담고 있는 신화라는 말입니다. 이러한 '영지주의 구원자 신화'를 초대교회 신학의 대표자들인 요한, 바울, 히브리서의 저자가 예수 그리스도에게 적용했다는 것입니다.

사실 '영지주의 구원자 신화'는 앞에서도 밝힌 것처럼 영혼의 타락과 구원에 관한 영지주의의 근본적인 세계관과 인간관을 객관적으로 드라마화한 것에 불과합니다. 불트만은 종교사학파의 거두 라이첸슈타인의 학설을 계승하여 이러한 영지주의 구원자 신화를 바울이나 요한이 예수에게 뒤집어 씌워서 역사화했다고 주장합니다. 예를 들어 바울은 교회를 '예수 그리스도의 몸'(corpus Jesu Christi)이라고 불렀으며(엡 1:23), 그 몸의 지체를 이루는 것이 성도들이라고 가르칩니다(엡 2:21-22).[35] 그래서 바울이나 요한의 그리스도론(Christologie)과 구원론(Soteriologie)이 모두 영지주의 구원자 신화에서 왔다는 것입니다. 그런데 바울이나 요한은 이러한 영지주의 신화를 그리스도론이나 구원론에 단순히 적용하는 것이 아니라, 그것들을 통해서 자신들이 맞닥뜨린 당대의 영

---

35 이동영, "역사적 예수 불가지론에 대항하여", 『신학 레시피』 (서울: 새물결
    플러스, 2020), 335.

지주의를 교정했다는 것입니다. 바울과 요한은 영지주의자들이 주장하는 것처럼 인간들이 자기 자신의 영혼의 힘이나 다른 구원자를 통해서 이 거짓된 세계에서 벗어나 영원한 가치의 세계로 구원받는 것이 아니라 예수 그리스도야말로 하늘에서 내려온 구원자이며 그를 통해서만 인간이 구원을 받을 수 있다고 함으로써, 영지주의 사상을 교정했다는 것입니다. 불트만은 바울과 요한이 다음과 같이 주장한다고 말합니다. 우리가 예수 그리스도를 통해서만 이 세상의 거짓된 가치를 추구하는 삶, 즉 '거짓된 실존'(inauthentic existence), 즉 '비본래적인 실존'(uneigentliche Existenz)을 청산하고, 영원한 가치의 세계를 추구하며 자기가 자기의 운명에 주인이 되는 의미있는 진정한 삶인 '참된 실존'(authentic existence), 즉 '본래적인 실존'(eigentliche Existenz)을 살게 된다는 것입니다. 그렇게 함으로써 바울과 요한은 영지주의 사상을 사용하여 그리스도론과 구원론을 전개할 뿐만 아니라 영지주의 사상을 교정하고 있다는 것입니다. 불트만은 이러한 자신의 영지주의의 이해를 통해 영지주의 사상이야말로 실존주의적 인간표현의 전형이라고 보았습니다. 따라서 실존주의적으로 인간을 표현함에 있어 이 영지주의 사상은 불트만에게 아주 큰 영향을 주었던 것입니다.

　불트만이 제시한 성서해석학의 획기적인 방법론인 '비신화화 이론'은 영지주의 신화의 실존적 구조를 밝히는 데 그 핵심이 있었다는 것은 두말할 필요가 없습니다. 여기에서 우리는 불트만의 비신화화 이론의 의도를 이해할 수 있게 됩니다. 불트만은 비신화화라는 용어에 대하서 그 스스로가 '만족스럽지 못한 용어'라고 했습니다. 그러나 어쨌든 불트만은 신약성서의 주석 내지는 해석에 있어서 비신화화를 주장했던 것입니다. 불트만에 따르면 비신화화는 두 가지 과제를 가집니다. 첫 번째 과제는 신약성서에서 신화적으로 나타나는 세계 상을 비판하는 데 있습니다. 그리고 두 번째 과제는 신화 속에 은폐되어 있는 성서 본문의 참된 의도를 해명하는 것입니다. 그러므로 불트만에게 있어서 비신화화란 신화를 제거하는 것이 아니라 신화를 해석하는 것을 의미합니다.[36] 불트만은 비신화화는 신화를 제거하는 방법이 아니라 신화를 '해석하는 방법'(Interpretationsmethode)이며, 신화에 대한 '실존적 해석'(existentiale Interpretation)이며, 신화에 대한 '하나의 주석 방법'(Methode der Exegese)이며, '주석의 기술'(Kunst der Auslegung)이라고 말합니다.[37] 그래서 불트만은 비신화화 작업을 통해서 성서에 나타나는 신화적인 표현에 대해 실존

---

36   Rudolf Bultmann, *Jesus Christus und Mythologie* (Gütersloh: Gütersloher Verlaghaus Gerd Mohn, 1964), 16.

37   Rudolf Bultmann, *Jesus Christus und Mythologie*, 50.

주의적이고, 인간학적인 해석을 수행하고자 했던 것입니다.[38] 그렇게 함으로써 불트만은 신화적인 언어로 기록되어 있는 성서 본문의 내용을 오늘날을 살아가는 현대인들에게 유의미한 진리가 되게 하려 했던 것입니다. 불트만에 의하면 복음의 진정한 핵심은 우리가 그리스도를 믿으면 이 거짓된 가짜 세계로부터 벗어나 영원한 가치의 세계로 구원받을 수 있다는 것입니다. 그런데 이러한 복음이 영지주의의 신화적인 언어로 쓰여 있기 때문에 복음이 내포하고 있는 본질적인 개념에 도달하기 위해서는 복음의 신화적 언어를 해석하여 그 신화적인 언어의 껍질을 벗겨낼 때만이 가능하다는 것입니다. 그리고 이러한 해석학적인 작업을 불트만은 비신화화라고 명명했던 것입니다. 신화를 신화로서 인정하고 그 신화를 해석할 때만 이 신화가 갖고 있는 깊은 실존적인 의미를 지금 여기에서(nunc et hic) 20세기를 살아가는 현대인들에게 의미 있는 것으로 드러낼 수 있다는 것입니다. 따라서 불트만은 신화를 신화로서 해석하여 그 신화가 속해있는 낡아빠진 세계관으로부터 그 신화를 해방시킬 때만이 그 신화는 오늘을 살아가는 현대인들에게 의미가 있을 수 있다고 주장했습니다.

이러한 불트만의 해석학적인 노력은 마르틴 하이데거

---

38 김균진, "불트만의 실존신학", 『현대신학사상』 (서울: 새물결플러스, 2014), 118-119.

(Martin Heidegger)의 실존에 대한 해석을 빌어 신약성서의 케리그마(Kerygma), 즉 선포를 20세기를 살아가는 오늘날의 인간들에게 의미 있는 것으로 선포하기 위한 해석학적인 노력이라는 데 그 의의가 있다고 하겠습니다. 불트만의 신학은 하이데거의 실존주의 철학을 20세기 현대인들의 사고방식을 대표하는 전형적인 양식으로 생각하고 하이데거의 실존주의 철학을 통해 현대인들에게 신약성서의 케리그마를 의미 있는 것으로 선포하고자 하는 해석학적인 노력이었다는데 그 가치가 있다고 하겠습니다.

그와 같은 불트만의 해석학적인 노력과 가치를 우리가 인정한다고 할지라도 그가 신약성서의 구원사적인 케리그마의 역사성을 부인하고 그것을 신화화된 메시지로 이해한 것은 문제가 아닐 수 없습니다. 이것과 관련하여 최근까지 토론되었던 문제의 초점은 '영지주의 구원자 신화'가 그리스도교의 복음서와 여러 서신들이 기록되었던 A.D. 1세기경에 과연 존재하고 있었는가 하는 것입니다. 이것에 대한 답변은 대단히 회의적입니다. 영지주의 구원자 신화는 A.D. 17세기까지 어떠한 문헌에서도 발견되지 않습니다. 그리고 심지어 구두전승조차 A.D. 226년 이전으로 소급될 수 없음이 철저한 문헌학적인 연구에 의해 규명되었습니다. 그러므로 영지주의 구원자 신화가 신약성서의 그리스도론, 구원론, 교회론 등에 영향을 주었을 것이라는 가설은 나름대로 과감한 가설이기는 하지만 문헌학적으로 전혀 지지받을 수 없는 오류인 것입니다.[39] 바울신학을 철저하게 영지주의적인 배경 하에서 재구성하려는 옛 종교사학파(Religionsgeschichtliche Schule)나 발터 슈미탈스(Walter Schmithals)의 이론을 교조적으로 숭배하는 학자들이 요즘도 이러한 주장을 하는 경우가 더러 있기는 합니다만, 영지주의 구원자 신화는 아무리 그 형성시기를 빨리 잡아도 2세기 후반 또는 3세기경 이전으로 거슬러 올라갈 수 없다는 사실이 에드윈 야마우치(Edwin Yamauchi), 마르틴 헹엘(Martin Hengel), 오토 베츠(Otto Betz), 에른스트 퍼시(Ernst Percy) 등과 같은 정예로운 성서학자들의 문헌 연구에 의해 규명되었습니다. 심지어 바울과 요한의 그리스도론과 구원론 해석의 틀을 그들이 영지주의 구원자 신화에서 빌려온 것이 아니라, 역으로 영지주의 구원자 신화가 신약성서의 그리스도론과 구원론의 지대한 영향을 받아 형성되었다는 사실이 문헌학적인 연구를 통해서 규명되었던 것입니다.[40] 영지주의 구원자 신화는 A.D. 2세기 후반부터 발달하게 되는데, 그 이전 아직 구원자 신화가 형성되기 전의 영지

---

39   Edwin Yamauchi, *Pre-Christian Gnosticism: A Survey of the Proposed Evidences* (London: Tyndale, 1973).

40   Robert McLachlan Wilson, *The Gnostic Problem* (Cambridge University Press: 2009).

주의는 지식(γνῶσις, 그노시스)을 강조하고 플라톤적인 이원론의 관점에서 '인간의 영혼이 지식(γνῶσις)을 얻어 이데아(ιδέα)의 세계로 복귀한다'는 식의 소박한 사상이었습니다.[41] 이러한 영지주의 사상을 오늘날에는 '발아기적 영지주의'(incipient gnosticism), '원시 영지주의'(proto-gnosticism), 혹은 '전(前)영지주의'(pre-gnosticism)라고 부릅니다. 이러한 '막 잉태된 영지주의'가 태초부터 '선재'(Pre-Existence)하셨고 인간이 되어 십자가에서 죽으시고 부활하시어 다시 높임 받으셨다는 신약성서의 그리스도론과 해후하면서 영지주의의 구원자 신화가 만들어진 것입니다. 이처럼 2세기 후반 내지는 3세기 초반부터 형성되기 시작한 영지주의 구원자 신화는 신약성서의 그리스도론의 막대한 영향 아래 형성된 것이지, 그 반대는 아닙니다.[42] 영지주의 구원자 신화는 신약성서의 그리스도론 외에도 유대교 지혜사상과 로고스사상 및 천사사상 등의 영향을 받았습니다.

그러므로 신약성서의 그리스도론과 구원론이 영지주의

---

41 이동영, "역사적 예수 불가지론에 대항하여", 『신학 레시피』 (서울: 새물결 플러스, 2020), 337.

42 이에 관한 문헌학적인 토론을 간략하게 보려면 헤르만 니코. 리델보스 (Herman Nicolaas Ridderbos, 이한수 역, 『바울과 예수』 [서울: 로고스연구원, 1984], 169-177)을 보면 된다. 이런 사실을 문헌학적으로 철저히 규명한 신약성서신학자는 에른스트 퍼시(Ernst Percy)였음을 밝혀 둔다. Ernst Percy, "Zu den Problemen des Kolosser- und Epheserbriefes", *ZNW* 43 (1950/51): 178-194.

구원자 신화의 영향으로 성립된 사상들로 간주하고 그것들의 역사성을 부인하며 비신화화 이론을 통한 신화 해석의 차원에서만 그리스도교의 케리그마를 다루려는 불트만의 시도는 문헌학적인 오류를 함의하고 있습니다.

3.3. 케리그마에 대한 강조

불트만 신학에 있어서 또 하나의 강조점은 케리그마(Kerygma)에 대한 강조입니다. 그래서 불트만의 신학을 우리는 '케리그마의 신학', 즉 '말씀의 신학'이라고도 부릅니다.

불트만에 의하면 신앙 아래의 인간의 삶은 그리스도 사건(Christusgeschehen), 즉 예수 그리스도의 죽음과 부활이라는 구원 사건에 의해 결정됩니다. 그렇다면 우리는 그리스도를 어디에서 만나 뵐 수 있을까요? 불트만에 따르면 그리스도는 교회에 의해 선포되는 설교 말씀, 즉 케리그마 속에 현존하시며 우리와 만나십니다.[43] 그러므로 '케리그마 외에 다른 어떤 곳에서도'(nirgends anders als im Kerygma) 우리는 그리스도를 만날 수 없습니다.

---

43 불트만은 복음서를 형성하고 있는 것은 초기 그리스도교 공동체의 케리그마라고 보았다. 케리그마는 헬라어로 선포라는 뜻이다. 여기서 케리그마란 초기 그리스도교회의 설교를 통해 선포되는 메시지를 의미한다. 그래서 불트만은 케리그마라는 말을 초대 그리스도교회의 설교와의 직접적인 관계 속에서 이해했던 것이다.

신앙의 그리스도, 즉 십자가에 달려서 죽고 부활하신 분은 선
포되는 말씀 속에서 우리와 만나시며, 말씀을 떠난 다른 어떤
곳에서도 우리와 만나지 않으신다. 그러므로 **그리스도에 관한**
말씀이 선포될 때, 그리스도의 십자가와 부활은 지금 여기에 현
존한다. 부활하신 그리스도는 오직 선포되는 말씀 속에서만 우
리와 만나신다.[44]

케리그마(선포)의 내용은 그리스도 사건입니다. 그리스도
에 관한 말씀이 선포될 때 그리스도 사건은 지금 여기에서
인간 개인의 실존 속에 현존하게 된다는 것입니다. 선포, 즉
설교를 통해서 그리스도는 설교를 듣는 나 개인에게 찾아오
셔서 나의 거짓된 실존, 즉 비본래적인 실존을 끝장내고 참
된 실존, 즉 본래적인 실존으로의 결단을 촉구한다는 것입니
다. 그러기에 설교는 개인의 비본래적인 실존을 끝장낸다는
점에서 종말론적인 사건이며, 그로 인해 본래적인 실존을 선
사한다는 점에서 구원 사건입니다. 그러므로 설교를 무시하
고서는 인간이 구원에 도달할 수 없습니다. 그래서 불트만은
'하나님의 집을 거룩하게 하는 것은 사제서품식이 아니라 선

---

44   Rudolf Bultmann, "Die Bedeutung des geschichtlichen Jesus für die
      Theologie des Paulus," in: Ders., *Glauben und Verstehen* , I., 7.Auflage
      (Tübingen: J. C. B. Mohr), 208.

포되는 말씀'이라고 말할 수 있었던 것입니다.[45]

불트만에 따르면 바울에게 있어서 그리스도의 죽음과 부활은 과거에 유일회적으로 '모두를 위해 단 한번'(Ein für allemal) 일어난 사건으로서 무시간적으로 영원히 그 효력을 일으키는 우주적인 사건이 아니라, 선포되는 말씀, 곧 듣는 사람들로 하여금 비본래적인 거짓된 삶과 실존을 버리고 본래적인 진실된 삶과 실존을 살도록 신앙의 결단을 요청하는 선포에 의해, 지금 여기에서(nunc et hic) 발생하는 사건이라는 것입니다. 그러므로 불트만에 따르면 신앙은 말씀의 선포, 즉 케리그마에 의존합니다. 신앙은 십자가와 부활의 말씀을 '들음'(Zuhören)으로써 오기 때문입니다.

불트만은 주장하기를 지금 여기에서 선포되는 케리그마, 즉 하나님 말씀의 선포인 설교 속에서 예수 그리스도의 죽음과 부활은 현실이 되며, 선포되는 설교 말씀을 듣는 사람은 예수의 죽음과 부활을 지금 여기에서 경험하게 된다는 것입니다. 그리고 이러한 예수 그리스도의 죽음과 부활을 사람들이 체험함으로써 자기들의 실존이해를 새롭게 하게 된다는 것입니다. 그래서 거짓된 세상의 가치를 따라가는 '가짜 삶'(vita ectypa)은 죽고 새로운 자기이해를 가진 '진짜 삶'(vita archetypa)을 사는 사람으로 변화가 된다는 것입니다. 그러므

---

45 Rudolf Bultmann, *Jesus Christus und Mythologie*, 100이하-101.

로 거듭 말씀드리거니와 불트만에 의하면 케리그마, 즉 설교야말로 예수의 죽음과 부활을 지금 여기에서 사건으로 경험하게 만드는 구원 사건이며 종말론적인 사건입니다. 그래서 불트만은 이천 년 전 팔레스타인에서 일어났던 예수의 죽음과 부활 사건으로서의 객관적인 구원 사건과 오늘날 한 인간의 개인적인 실존에 효력을 발생하는 주관적인 구원 사건을 하나의 동일한 사건으로 해석하려고 했습니다. 그러나 불트만은 예수의 죽음과 부활이라는 구원 사건의 역사적인 객관성을 부정하고, 그 사건들을 고대 신화의 껍질로 간주하여, 오직 예수의 죽음과 부활을 인간 개인의 실존과 관련해서 해석하는 데만 관심을 집중하다 보니 그 사건들의 역사적인 객관성을 부정합니다. 바로 여기에 불트만이 강조하는 케리그마 신학의 문제점이 놓여 있습니다.

3.4. 역사적 예수 불가지론

불트만은 신약성서의 복음서가 '역사적 예수'(historischer Jesus)에 대한 기록이 아니라 초대 교회의 그리스도에 대한 신앙고백, 즉 '신앙의 그리스도'(geglaubter Jesus)에 대한 기록이라고 주장했습니다. 물론 불트만은 예수가 실제로 존재했다는 것을 부인하지 않지만 – 그는 예수의 생애와 관련하여 탄생과 고난과 죽음만을 역사적 사실로 인정하고 그러기에 예수가 존재했다는 사실은 부인할 수 없지만 - 그것들 외에 그 어떤 것도 알 수 없다고 주장합니다. 복음서를 통해 예수에 대한 객관적이고 역사적인 지식을 얻는 것에 대해 대단히 회의적이었던 것입니다. 불트만은 복음서를 통해 예수의 생애나 그의 인격을 파악할 수 없으며, 심지어 그가 실제로 '메시아로서의 자의식'(messianisches Selbstbewußtsein)을 가지고 있었는지조차도 알 수 없다고 주장했습니다.[46] 그러므로 우리는 복음서를 통해서 그리스도에 관한 교회의 케리그마, 즉 선포를 만날 뿐, 역사적 예수를 알 수 없다는 것입니다. 그래서 불트만은 '나는 예수의 생애와 인격에 대해 거의 아무것도 알 수 없다고 생각한다. 왜냐하면 초기 그리스도교 자료들은 단편적이든 구전이든 모두 그것에 대해 아무런 관심이 없기 때문이다'라고 결론 내립니다.[47]

복음서의 자료들이 우리에게 보여주는 것은 초기 그리스도교 공동체의 메시지이다. 그것들의 대부분은 교회가 자연스럽게 예수께서 하신 말씀처럼 예수의 입 속에 집어넣은 것이다. 이러한 이유로 인해 교회가 자연스럽게 예수의 입 속에 집어넣었던

---

46 Herbert C. Wolf, *Kierkegaard and Bultmann: The Quest of Historical Jesus* (Minneapolis: Augsburg Publishing, 1965), 72.

47 Rudolf Bultmann, *Jesus and Word* (New York: Charles Scribner's Sons, 1958), 14.

모든 말씀이 실제적으로 예수에 의해 말해진 것으로 볼 수 없음을 보여준다. … 많은 말씀들이 교회 그 자체로부터 유래되었고, 어떤 부분들은 교회에 의해 첨가되기도 하고 삭제되기도 하였다.[48]

이렇듯 불트만에게 있어서 복음서들은 예수의 생애에 대한 신뢰할 수 있는 역사적 기록이 아니고 고대 그리스도교 공동체의 예수에 대한 신앙고백과 그 선포(케리그마)의 집합체일 뿐입니다. 케리그마는 객관적인 역사에 관심이 없습니다. 십자가에서 죽고 부활하신 분에 대한 교회의 케리그마는 우리에게 단지 그것에 대한 신앙을 요구할 뿐입니다. 그리고 이러한 신앙은 케리그마와 더불어 역사하시는 성령의 사역의 결과이지 역사적인 사실을 인식한다고 해서 발생하는 것이 아니라는 것입니다.[49] 그렇게 함으로써 그는 역사적 예수에 대한 불가지론으로 기울어졌던 것입니다. 역사적 예수 불가지론은 불트만의 케리그마 신학의 귀결이며 그의 신학의 또 하나의 강조점입니다.

불트만에 따르면 신약성서의 케리그마는 예수 자신의 말씀이 아니라 예수를 그리스도로 고백하는 교회가 선포한 말

---

48 Rudolf Bultmann, *Jesus and Word*, 17.

49 Herbert C. Wolf, *Kierkegaard and Bultmann: The Quest of Historical Jesus*, 75.

씀입니다. 그러므로 케리그마는 역사적인 예수의 말씀이 아니라 신앙의 그리스도에 관한 교회의 말씀일 뿐입니다. 예수 그리스도의 부활에 대한 신약성서의 증언은 예수 그리스도의 부활에 대한 보도가 아니라 그리스도의 부활에 관한 교회의 말씀이라는 것이 불트만의 주장입니다. 필자가 네덜란드 암스테르담 자유대학교(Vrije Universiteit te Amsterdam)에서 공부하던 시절 필자의 스승이었던 아드리아누스 판 에크문트 교수님(Prof. Dr. Aadrianus van Egmond, 1940-2020)은 자유대학교에서 개최되었던 한 학회에서 불트만의 부활에 대한 견해를 지지했던 헤리 M. 콰이테르트(Harry Martinus Kuitert, 1924-2017)와 예수 그리스도의 부활에 관해 논쟁한 적이 있었습니다. 그때 불트만의 견해를 지지했던 콰이테르트 교수는 예수 그리스도의 부활을 초대교회의 신앙고백이라고 주장했습니다. 그때 에크문트 교수님은 이러한 불트만의 견해를 따르는 콰이테르트를 논박하면서 다음과 같이 말했던 것입니다.

우리는 사도들의 부활에 관한 신앙고백을 믿는 것이 아니라 사도들과 더불어 예수 그리스도의 역사적 부활을 믿습니다.

예수 그리스도의 부활에 대한 신앙이 사도들의 부활에

관한 신앙고백을 믿는 신앙이냐, 아니면 사도들과 더불어 예수 그리스도의 역사적 부활을 믿는 신앙이냐? 이 양자 가운데 어떤 입장을 취하느냐에 따라 예수 그리스도의 부활에 대한 전혀 다른 신학적인 견해가 형성되게 됩니다. 불트만은 예수의 십자가에서의 죽음은 세계사의 영역 속에서 유일회적으로 발생한 역사적 사건으로 인정하지만, 부활을 역사적인 사건으로 인정하지 않습니다. 불트만은 십자가 사건은 역사적 사건으로 보지만, 부활 사건은 사도들의 신앙고백으로 간주합니다. 그래서 그는 부활을 단지 십자가 사건에 대한 의미해석으로서의 교회의 선포에 불과할 뿐이라고 여김으로서 부활의 역사성을 부정합니다. 그에게 있어서 '부활 신앙은 십자가의 구원하는 능력에 대한 신앙을 의미'할 뿐입니다.[50] 그래서 불트만은 부활을 역사적 사건으로 간주하지 않고, 단지 초기 그리스도교 공동체의 신앙고백이리고만 봅니다. 그에 따르면 나 개인이 예수 그리스도의 죽음과 부활에 대한 교회의 선포를 신앙의 결단으로 받아들일 때, 나는 거짓된 옛 자아, 즉 비본래적 자아를 벗어버리고 새로운 자아, 즉 본래적 자아로 전이(轉移)되게 된다는 것입니다.

불트만은 역사적 예수에 대한 불가지론을 주장합니다. 불

---

50   Rudolf Bultmann, *Kerygma and Myth* (New York: Harper & Row Publishing, 1961), 41-42.

트만은 초기 교회의 선포나 가르침 중에 복음서에 나오는 예수의 가르침과 일치하는 것이 있으면, 언제나 초기 교회가 자신들의 가르침 내지는 신앙고백을 예수의 입 속에 집어넣었다고 주장합니다. 그렇게 함으로써 초기 교회의 그리스도인들이 예수에 대한 자신들의 신앙고백을 마치 예수께서 직접 하신 말씀처럼 묘사했다는 것입니다. 그리고 이러한 자료로 채워져 있는 문서가 복음서라는 것입니다. 그러므로 불트만은 복음서를 통해 역사적 예수를 알 수 없다고 주장합니다. 복음서에 나타나는 예수의 행적과 가르침은 예수께서 역사적으로 직접 행하신 것이 아니라 복음서 저자가 초기 교회의 케리그마, 즉 선포를 마치 예수께서 행하신 것처럼 서술했다는 것입니다. 그러므로 복음서를 통해서는 예수에 대한 초기 교회의 신앙고백만 확인할 수 있을 뿐, 역사적 예수를 알 수 없다는 것입니다.[51]

불트만이 1920년대 역사적 예수에 대한 불가지론을 주장한 이래로 1950년대 말엽까지 대략 40년 동안, 이러한 가설은 유럽과 영미권을 포함한 전 세계의 신약학계에서 수많은 신약학자들에게 거의 난공불락의 정설로 받아들여졌습니다. 불트만에 따르면 복음서들의 기록은 '역사적 예수'에 대한 기

---

51   이동영, "역사적 예수 불가지론에 대항하여", 『신학 레시피』 (서울: 새물결 플러스, 2020), 329.

록이 아니라 초기 교회가 믿고 선포한 '신앙의 그리스도'에 대한 기록일 뿐입니다. 그리고 이러한 선포, 즉 케리그마의 배후에 있는 역사적 사실을 캐묻는 것은 복음서 저자들의 의도에 전혀 부합되지 않을 뿐만 아니라 심지어 불신앙이라고 주장했습니다. 그리고 케리그마의 배후를 추적하여 역사적 예수를 재구성하는 것 자체가 불가능하다고 보았습니다. 그래서 그는 복음서를 통한 역사적 예수에 대한 탐구를 전적으로 불가능한 것으로 간주했습니다. 불트만의 제자 가운데 한 명이며 훗날 자신의 스승 불트만의 역사적 예수 불가지론을 비판했던 인물 가운데 한 명이었던 게르하르트 에벨링 (Gerhard Ebeling)은 그 시대의 분위기에 대해서 다음과 같이 쓰고 있습니다.

신약성서의 증언들의 배후에 있는 역사적 예수에 대해 어떤 질문도 해서는 안 된다는 이상한 도그마가 널리 유포되었다. 이러한 질문을 금지한 자가 도대체 누구란 말인가?[52]

그래서 불트만은 복음서 연구를 통해서 오직 초기 교회의 예수에 대한 케리그마만을 보고자 했으며, 그 케리그마의

---

52   Gerhard Ebeling, "Jesus und Glaube", in: Ders., *Wort und Glaube*, I (Tübingen: Mohr Siebeck, 1960), 207.

해석에만 과도하게 집착했던 것입니다. 불트만은 역사적 예수에 대한 질문 자체가 불가능한 것으로 간주합니다. 우리는 복음서가 증언하는 예수에 대한 기록을 역사적인 자료로 삼아서 역사적 예수를 재구성하려고 해서는 안 된다는 것입니다. 그에 따르면 '역사적 예수'가 주님이 아니라 초기 그리스도교 공동체가 선포한 '신앙의 그리스도'가 주님이라는 것입니다.[53] 그러므로 불트만에 따르면 신앙이란 역사적 예수에 대한 신앙이 아니라 교회가 선포한 그리스도에 대한 신앙고백으로서의 케리그마에 대한 신앙을 의미하는 것입니다. 그러기에 중요한 것은 역사적 예수가 아니라 초기 그리스도교 공동체가 행한 그리스도에 대한 선포를 통해 그리스도께서 우리와 실존적으로 만나주시며, 이러한 그리스도와의 실존적인 만남을 통해 우리가 거짓된 비본래적인 실존을 벗어버리고 참된 본래적인 실존을 얻게 된다는 것입니다. 불트만이 복음서를 통해 역사적 예수를 찾는 것을 포기하고 케리그마로서의 신앙의 그리스도에만 집착하고 집중하는 것은 그가 하이데거의 실존철학과 그의 실존주의적 해석학에 과도하게 경도되었기 때문입니다.

불트만이 이렇게 역사적 예수 불가지론을 주장한 이래로

---

53   Rudolf Bultmann, "Die Bedeutung des geschichtlichen Jesus für die Theologie des Paulus", 208.

향후 약 40년 동안 이러한 그의 주장은 그 누구의 비판도 불허하는 강력한 도그마(Dogma)의 권위를 획득해 갔습니다. 그리고 이러한 분위기에서 그 누구도 역사적 예수에 대한 질문이나 탐구를 독자적으로 감행해 나가는 것은 쉬운 일이 아니었습니다.

3.5. 불트만의 역사적 예수 불가지론에 대항한 비판과 소회

그런데 역사적 예수 불가지론에 대항한 반론과 반란은 예상치 못한 곳에서 터져 나왔습니다. 불트만의 제자였던 에른스트 케제만(Ernst Käsemann)이 1954년에 「역사적 예수 문제」(Das Problem des historischen Jesus)라는 중요한 논문을 – 원래 이 논문은 1953년 마르부르크에서 정기적으로 모이는 불트만 제자들의 모임에서 행한 강연으로 알려져 있는데 – 발표하게 됩니다.[54] 케제만은 이 논문에서 역사적 예수와 신앙의 그리스도 사이에 연속성이 있다는 것을 주장하면서 40년의 침묵을 깨고 자기 스승인 불트만에 맞서 역사적 예수 연구를 새롭게 다시 시작해야만 한다는 과감한 주장을 하면서 역사적 예수 연구의 돌파구를 마련합니다. 그는 만일 역사적 예수와 신앙의 그리스도 사이에 어떤 연관성도 존재하지 않

---

54   Ernst Käsemann, "Das Problem des historischen Jesus", *ZTK* LI, 1954, 125–153.

는다면 그리스도교는 역사적인 기반이 없는 신화가 될 수밖에 없으며 '가현설'을 피할 수 없다고 자신의 스승 불트만을 비판했던 것입니다.[55] 케제만은 부활절 이후 선포의 대상이 되었던 신앙의 그리스도는 갈릴리에서 하나님나라의 복음을 선포하신 역사적 예수와 연속선상에 있으며, 이 연속성을 확신하고 확인하는 것은 결코 포기될 수 없다는 사실을 강조했습니다. 그는 초기 그리스도교 공동체에서 역사적 예수와 부활하신 주님은 분리시킬 수 없었으며 분리되지도 않는다고 보았습니다. 그러기에 지상의 주님과 승천하신 주님은 동일한 분이라는 것입니다.[56] 그리고 2년 후 불트만의 또 다른 제자 권터 보른캄(Günther Bornkamm)이 자신의 스승에 대항하여 『나사렛 예수』(Jesus von Nazareth, 1956)라는 저서를 출판합니다.[57]

비록 복음서들이 예수의 역사를 취급하면서 예수의 생애의 … 모든 단계를 재현하고 있지는 않지만 … 복음서들은 예수가 행한 사건으로서의 역사를 말하고 있다. 복음서들은 예수의 역사

55   Ernst Käsemann, *Essys on New Testament Thema* (Lodon; SCM, 1964), 15–47.

56   Ernst Käsemann, "Das Problem des historischen Jesus", 195.

57   Günther Bornkamm, *Jesus von Nazareth*, Urban–Bücher, 19 (Stuttgart: Kohlhammer, 1956).

에 대한 풍부한 증거를 제시하고 있다. … 그러므로 복음서에
실려 있는 전승들이 우리에게 역사적 예수에 대한 질문을 금지
하고 있다고 말할 수 없다. 복음서의 전승들은 역사적 예수에
대한 질문을 허용할 뿐만 아니라 그것을 요구한다.[58]

이렇게 자신의 스승이었던 불트만의 역사적 예수 불가
지론에 대항하여 반기를 들었던 불트만의 제자들을 '불트
만 좌파'(Linke von Bultmann) 내지는 '후기 불트만 학파'(Post-
Bultmann-Schule)라고 부릅니다.[59] 괴팅겐대학에서 가르쳤던
신약성서학자 요아킴 예레미아스(Joachim Jeremias)는 자신의
저서 『예수의 비유』[60]에서 복음서에 실려 있는 예수의 비유들
은 진정성 있는 예수의 말씀을 보존하고 있는 것으로 보았
습니다. 그리고 예레미아스는 자신의 저서 『아빠』[61]와 『신약신
학』[62]에서 소위 '비유사성의 원리'(the principle of dissimilarity)

---

58   Günther Bornkamm, *Jesus von Nazareth* , 20.

59   이동영, "역사적 예수 불가지론에 대항하여", 『신학 레시피』(서울: 새물결
      플러스, 2020), 330-331.

60   Joachim Jeremias, *Die Gleichnisse Jesu* (Zürich: Zwingli-Verlag,
      1947).

61   Joachim Jeremias, *ABBA* (Göttingen: Vandenhoeck & Ruprecht,
      1966).

62   Joachim Jeremias, *Neutestamentliche T heologie, Erster Teil: Die
      Verkündigung Jesu*. 예레미아스는 역사적 예수의 인격과 선포를 단지 신
      약신학의 전제로만 여기는 불트만과 대조적으로 자신의 저서 『신약신학』에
      서 예수의 인격과 선포를 자신의 신약신학의 핵심적인 내용으로 삼아 집

를 앞세워 예수 이전이나 예수 당대 그리고 그 이후 어떤 유
대교 랍비들의 어법과도 유사성이 없는 오직 예수만의 독특
한 어법들을 – 그중에 하나가 '아빠에 관한 말씀들'(Abba-
Worte)이다[63] – 복음서에서 찾아내었으며 이러한 예수의 독특

중적으로 분석하고 있다.

63 지난 세기 영국 맨체스터(Manchester)대학의 신약성서학 교수였던 T. W
    맨슨(Thomas W. Manson)은 예수가 하나님을 부를 때 사용했던 "아빠"
    호칭을 예수의 독특한 어법으로 간주했다. 그리고 맨슨의 입장을 이어받
    아 대단히 치밀한 문헌학적 연구를 통해서 그것을 논증한 인물이 바로 독
    일 괴팅겐(Göttingen)대학의 신약학 교수였던 요하킴 예레미아스였다. 요
    아킴 예레미아스는 자신의 기념비적인 저서 『아빠』에서 사복음서 및 광
    범위한 유대 문헌의 연구에 의거하여 아람어 "아빠"라는 말이 예수 이전
    과 예수 당시에 어린아이들이 자신의 아버지를 부르던 애칭, 즉 "어린아
    이 말"(Kindersprache)였으며, 이 어린아이 말 아람어 "아빠"는 하나님
    을 부르는 호칭으로서 결코 사용된 적이 없으며, 오직 예수만이 "아빠" 호
    칭을 "하나님을 부르는 호칭"(Gotteanrede)으로 사용했다는 것이다(J.
    Jeremias, ABBA, 59, 62이하; 동일저자, Neutestamentliche Theologie,
    Erster Teil: Die Verkündigung Jesu [신약신학, 제1부: 예수의 선포]
    [Gütersloh: Gütersloher Verlaghaus Gerd Mohn, 1971], 72).
    이러한 예레미아스의 주장은 제임스 바(James Barr)와 게자 페르메스
    (Geza Vermes) 같은 학자들에 의해 비판되었다. 제임스 바는 자신의 야심
    찬 논문 「아빠는 데디가 아니다」(Abba isn't Daddy)에서 예레미아스의 이
    론을 논박했으며, 게자 페르메스는 자신의 저서 『유대인 예수』(Jesus der
    Jude. Ein Historiker liest die Evangelien [Neukirchen-Vluyn, 1993])
    에서 예수 이전에도 하나님을 아빠라고 부르는 예가 있었다는 것을 지적하
    면서, 예레미아스의 가설을 오류라고 주장했다.
    엘케 탱게스(Elke Tönges)는 "아빠" 연구로 유럽 대륙에서 명성을 얻
    은 독일의 신약성서학자이다. 그녀가 2003년 독일 보쿰대학교(Ruhr Univ.
    Bochum)에 제출한 박사 학위 논문 『하늘에 계신 우리 아버지』(Unser Vater
    im Himmel)는 아마도 아빠 연구와 관련한 최근 20여 년 동안 유럽 대
    륙에서 쓰인 논문들 가운데 가장 빼어난 작품 중에 하나가 아닌가 한
    다. 이 논문은 그 학문적 가치를 인정받아 독일의 저명한 출판사 '콜함
    머'(Kohlhammer)에서 단행본으로 출판되었다(Elke Tönges, Unser Vater
    im Himmel. Die Bezeichnung Gottes als Vater in der tannatischen

한 어법을 진짜 예수의 말씀(*ipsissima vox Jesu*)으로 규정하고 그 말씀들을 연구함으로써 예수의 자기이해'(Selbstverständnis Jesu)를 복원하고자 했습니다. 유럽에서 1950년대 말부터 불트만의 역사적 예수 불가지론에 대한 이러한 반론들이 제기되면서 그 후 만만치 않은 지지 세력이 형성되었습니다. 미국의 신약성서학자 제임스 로빈슨(James M. Robinson)은 1959년에 책을 써서 역사적 예수를 새롭게 탐구하고자 하는 불트만 좌파신학자들의 이러한 시도를 '역사적 예수에 대한 새로운 탐구'(A New Quest of the Historical Jesus)라고 불렀습니다.[64] 그

Literatur [Verlag Kohlhammer, 2 003]). 이 논문에서 탱게스는 "아빠"에 관한 기원후 10-220년 사이에 기록된 유대-팔레스타인의 문헌들, 즉 미쉬나(Mishnah), 바라이타(Baraita), 토세프타(Tosefta), 미드라쉬(Midrash) 등을 엄밀하게 분석한 후, 그러한 치열한 문헌학적 연구의 토대 위에서 요아킴 예레미아스, 게르하르트 키텔(Gerhard K. Kittel), 제임스 바, 게자 페르메스, 게오르게스 쉘베르트(Georges Schelbert), 울리히 루츠(Ulrich Lutz) 등의 견해를 철저히 검정했다. 이로 인해 제임스 바의 견해는 격파 당했으며, 예레미아스의 견해는 약간의 수정이 필요하기는 하지만 여전히 강력하고 유효하다는 사실을 논증했다.

탱게스의 결론은 예수 이전에도 하나님의 호칭으로 "아빠"를 사용한 용례가 있기는 하지만 그 용례들은 모두 예외 없이 아빠를 3인칭 '서술어'(Prädikativ)로 사용하고 있다는 것이다. 그래서 예수처럼 아빠 호칭을 2인칭 '호격'(Vokativ)으로 사용한 것은 오직 예수에게서만 발견되는, 유일하고 독특하며 특별한 용례다. 그러므로 예수가 하나님을 부른 "아빠"라는 호칭 속에는 하나님과 예수 사이의 "전대미문의 친밀감"(unerhörte Intimität)과 하나님의 사랑스러운 "아기"로서의 "예수의 자기이해"(Selbstverständnis Jesu)가 함축되어 있다고 말하는 예레미아스의 견해는 여전히 유효하고 강력하다(E. Tönges, Unser Vater im Himmel, 19). 상기의 내용은 이동영, 『송영의 삼위일체론』(서울: 새물결플러스, 2017), 211-213의 각주 10을 따라 재진술한 것임을 밝힌다.

64 James M. Robinson, *A New Quest of the Historical Jesus* (London:

러나 우리나라에서는 제가 신학을 공부하던 1990년대까지 여전히 불트만의 논리를 따르는 신약성서학자들이 많았습니다. 그리고 불트만의 역사적 예수 불가지론을 추종하는 이들에 의해 필자와 같은 전통적인 견해를 가진 이들이 많이 시달렸던 것 또한 사실입니다. 복음서를 읽으면서 복음서의 내용에 의거해서 역사적 예수를 이야기하면, 학문적으로 복음서를 연구한다고 자처하는 진보 진영의 학자들이나 신학생들은 저를 아주 무식한 보수 꼴통이라고 한심하게 바라보곤 했습니다. '복음서에 나오는 대부분의 내용은 초기 교회의 선포이며 신앙고백인데 그것을 가지고 역사적 예수를 운운하는 네가 참 한심하다'는 것이었지요. 그래서 당시 진보적인 신학 대학을 다니는 저의 선배는 저를 참 한심하게 보았습니다.

역사적 예수 문제는 젊은 신학생 시절, 저를 정말 힘들고 어렵게 만들었던 신학적 골칫거리였습니다. 제가 신학을 공부하던 1990년대에는 저처럼 역사적 예수 문제로 고민하던 이들이 더러 있었습니다. 당시 저는 역사적 예수 문제를 반드시 해결하겠다는 열망으로 정말이지 복음서에 관한 수많은 책들을 닥치는 대로 읽었던 것으로 기억합니다. 그러나 이 문제를 극복하기는 쉽지 않았습니다. 당시 저에게는 불트만과 그의 입장을 따르는 불트만 우파의 사람들이 얼마나 크

SCM Press, 1959).

게 보이든지… 그들의 책을 읽으면서 논리적으로 설득당하는 느낌이 들 때는 울분과 분노를 주체하지 못했던 것으로 기억합니다. 당시 저는 복음서를 통해 역사적 예수를 알 수 없다는 불트만의 역사적 예수 불가지론을 결코 인정할 수 없었습니다.

> 불트만과 그의 우파들이 주장하는 것처럼 우리가 복음서를 통해서 역사적 예수를 찾을 수 없다면, 남는 것은 그리스도에 대한 관념밖에 없지 않은가? 이것은 가현설일 뿐이다. 이러한 가현설의 토대 위에서 어떻게 우리가 신뢰할만한 그리스도론을 구축할 수 있으며 그리스도를 따르는 제자도의 실천을 수행할 수 있단 말인가? 나는 절대로 이러한 논리에 굴복할 수 없다.[65]

이것이 당시의 저의 솔직한 심정이었습니다. 그럼에도 불구하고 신출내기 신학생의 입장에서 불트만과 그의 우파 신학자들의 논지를 논리적으로 대항하기란 결코 쉬운 일이 아니었습니다. 이런 신학적인 내면적 고투 속에 있을 때 저는 두 분의 신약성서학 스승이신 정훈택 교수님과 김세윤 교수님의 강의를 듣게 되었습니다. 두 교수님의 강의는 불트만과

---

65 이동영, "역사적 예수 불가지론에 대항하여", 『신학 레시피』 (서울: 새물결플러스, 2020), 332.

그의 학파로 인해 어려움을 겪고 있었던 저에게 가뭄의 단비와 같았습니다. 저는 교수님들의 강의와 지도 덕택에 비로소 불트만의 암영으로부터 서서히 벗어날 수 있었고, 불트만의 역사적 예수 불가지론의 논리적 문제점을 간파할 수 있었습니다. 그때 김세윤 교수님으로부터 배운 '간접 그리스도론'(implizite Christologie)과 정훈택 교수님으로부터 배운 '목격자 증언 이론'[66] 그리고 두 교수님께 소개받았던 학자들인 에

---

66 정훈택 교수는 신약성서학자들이 지금까지 약 200년간 공관복음서를 연구해 오면서 반드시 중요하게 고려해야 할 예수 사건의 목격자들의 역할에 대한 논의가 빠져 있는 것을 공관복음서 연구에 있어서 방법론적으로 매우 심각한 문제라고 지적한다. "공관복음 문제 연구사에 목격자들의 존재와 기능, 그들의 역할이 진지하게 고려된 적이 없었다"(정훈택, "공관복음서 형성에 미친 목격자의 역할", 정훈택 교수 퇴임 기념 논총 [총신대학교 출판부, 2013], 21). 이로 인해 사건의 목격자들에 의해 만들어졌을 수 있는 공관복음 보도의 차이점과 일치점이 마치 복음 전승의 과정이나 공관복음서 저자들 때문에 발생한 것으로 쉽게 간주한다는 것이다. 지금까지의 공관복음서 연구가 예수 사건의 목격자들에게 좀 더 초점을 맞추어서 전개되었다면 공관복음서 문제의 연구는 지금과는 다른 양상을 띠게 되었을 것이라고 정훈택 교수는 지적한다((정훈택, "공관복음서 형성에 미친 목격자의 역할," 12). 필자가 목격자 증언 이론에 관해 정훈택 교수에게 들었던 것은 1993년 신학대학원 재학시절 그의 연구실에서였다. 정훈택 교수는 자신의 연구실에서 공관복음 문제와 역사적 예수를 궁금해하는 자신의 제자인 필자에게 시간이 날 때마다 자신의 목격자 이론을 꽤나 상세하고 길게 설명해 주었으며, 그의 설명을 통해서 나는 복음서가 불트만과 그의 우파 제자들이 주장하는 것처럼 역사적 예수를 알 수 없는 불가지론의 문서가 아님을 깨달을 수가 있었다. 이는 영국의 신약성서학자 리차드 보캄(Richard Bauckham)이 2007년에 "목격자 증언 이론"에 관한 저서 『예수와 그 목격자들』(Jesus and the Eyewitnesses [Grand Rapids: Eerdmans, 2007])를 출판하기 14년 전의 일이다. 정훈택 교수의 '목격자 증언 이론'의 결론은 다음과 같다. 우리는 공관복음서를 예수 그리스도의 생애와 활동 그리고 가르침에 대한 성실한 증언으로 읽어야 한다. 각 복음서의 차이점이나 다양성에도 불구하고 이러한 복음서들을 탄생시킨 예수

른스트 케제만과 요아킴 예레미아스(Joachim Jeremias)의 '비

유사성의 원리'(the principle of dissimilarity),[67] 그리고 예레미아

사건은 하나라는 것을 명심해야만 한다. 복음서들의 배후에는 동일한 그
리스도 사건이 놓여 있다. 그러므로 공관복음서에 나타나는 예수에 대한
다양한 증언들은 역사적 예수의 모습을 더 크고, 더 넓게 만드는 데 공헌
한다. 그의 목격자 증언에 대한 상세한 내용을 보려면 정훈택, "공관복음
서 형성에 미친 목격자의 역할", 12-108을 참조해 주기 바란다.

67 '비유사성의 원리'란 복음서에 등장하는 예수의 가르침 가운데 예수 이전
이나 예수 당대의 유대교의 가르침과 유사하거나 연속선상에 있는 사상이
나 초기 그리스도교 공동체에서 발견되는 사상과 유사하거나 연속선상에
있는 사상은 모두 배제하고 오직 유사성이 없는 것만을 '진짜 예수의 말
씀'(ipsissima vox Jesu)으로 간주하자는 이론이다. 물론 이러한 비유사성
의 원리는 매우 바보 같은 이론이다. 예수에게 배운 제자들이 초기 그리
스도교 공동체를 개척했는데, 초기 그리스도교 공동체에 예수의 가르침
과 연속선상에 있는 가르침이 없을 수 없는 것이고, 예수가 당시 팔레스타
인 유대교 내에서 활동하던 분인데 유대교로부터 받은 부분이 없을 수 없
는 것이기 때문이다. 그러므로 비유사성의 원리를 부정적인 방식으로 사
용해서 비유사성의 원리의 기준에 부합하지 않는 예수의 말씀의 진정성을
모두 덮어 놓고 의심해서는 안 된다(Ernst Käsemann, Das Problem des
historischen Jesus, 144; Norman Perrin, What is Redaction Criticism
[London: SPACK, 1970], 71; 신현우, 『역사적 예수 연구의 규칙: 참된 예
수를 찾아서』[서울: 웨스트민스터출판부, 2005], 112를 따라 재인용; 또
한 참조하라, 이동영, "역사적 예수 불가지론에 대항하여", 『신학 레시피』
[서울: 새물결플러스, 2020], 341-347). 그래서 비유사성의 원리가 바보
같은 원리이기는 하지만 이 방법을 긍정적으로 사용했을 때, 우리는 비유
사성의 원리를 통해서 아무리 과격한 불트만 학파의 사람들이라고 할지라
도 결코 부인할 수 없는 진짜 예수의 말씀의 최소한을 확보하고자 했을 때
유용하게 사용할 수 있는 방법이다. 그러기에 노르웨이의 신학자 닐스 달
(Nils A. Dahl)이 정당하게 지적한 것처럼 비유사성의 원리를 통해서 포
착되는 "예수의 진짜 말씀"(ipsissima vox Jesu)은 복음서가 풍부하게 증
언하는 진짜 예수의 말씀들 중 "비판적으로 확증된 최소한"(ein kritisch
gesichertes Minimum)에 불과한 것이다(Nils A. Dahl, "Der historische
Jesus alf geschichtswissenschaftliches und theologisches Problem",
KuD 1 [155]: 199; 신현우, 앞의 책, 113을 따라 재인용; 참조, 이동영,
"역사적 예수 불가지론에 대항하여", 『신학 레시피』 (서울: 새물결플러스,
2020), 346.

스가 비유사성의 원리를 통해서 찾아낸 '예수의 독특한 이법에 관한 연구'는 복음서를 통해 역사적 예수를 발견할 수 있다는 신념을 가졌던 저에게 한줄기 찬란한 진리의 빛을 비추어 주었습니다. 그 후 저의 암스테르담 자유대학의 동료인 탁월한 복음서학자 신현우 교수로부터 소개받은·'다중 증언의 원리'(the principle of multiple attestation)[68]와 '설명 가능성의 원리'(the principle of plausibility)[69] 등은 저의 신념에 확신을 더해 주었습니다. 그래서 저는 지금까지 정훈택 교수님과 김세윤 교수님 두 분 스승에게 감사할 뿐만 아니라 신현우 교수에게도 감사하고 있습니다. 제가 이 세 분의 탁월한 신약성서학자에게 가르침을 받지 못했다면, 그 후 저는 조직신학자로서 - 비록 신앙의 관점에서 불트만의 논리에 승복하지는 않았을지라도 - 학문적인 관점에서 가현설적인 그리스도론을 극

---

68   '다중증언의 원리'란 "서로 독립된 자료들이 동일한 내용을 증언할 경우 그것이 진정성을 가질 확률이 높아진다"는 이론이다(Gerd Theißen, Dagmar Winter, "Die Kriterienfrage in der Jesusforschung: Vom Differenzkriterium zum Plausibiltätskriterium," in: NTOA 34 [Göttingen: Vandenhoeck & Ruprecht, 1997], 180; 신현우, 『역사적 예수 연구의 규칙: 참된 예수를 찾아서』 [서울: 웨스트민스터출판부, 2005], 73을 따라 재인용). 다중증언의 원리는 K. H. 메카터(K. H. McArther)와 R. H. 풀러(Reginald H. Fuller)와 게르트 타이센(Gerd Theißen)과 다그마 빈터(Dagmar Winter) 등에 의해 정교화되었다.

69   '설명가능성의 원리'는 '개연성의 원리'라고도 부르는데 본문이 당시의 역사적 상황에 비추어서 개연성, 즉 가능성이 있을 경우 그 본문은 진성성이 있다고 보는 이론이다. 이러한 이론은 에드워드 샌더스(E. P. Sanders), 마크크스 보그(Marcus Borg), 게르트 타이센(Gerd Theißen), 다그마 빈터(Dagmar Winter), J. P. 메이어(J. P. Meyer) 등에 의해 정교화되었다.

복하기가 어려웠을 것이며, 역사적 예수의 토대 위에서 그리스도론을 구축할 수 없었을 것입니다.[70]

4. 불트만 신학에 대한 비판적 평가

이제 불트만의 신학의 문제점을 종합적으로 정리해 보도록 하겠습니다.

첫째, 물론 신약성서의 메시지를 인간 실존과의 관계 속에서 이해하고자 했던 불트만의 해석에도 일리가 없는 것은 아닙니다. 왜냐하면 성서의 말씀이 아무리 진리라고 할지라도 '지금 여기'(nunc et hic)에서 현재를 살아가는 우리의 삶과 실존에 와닿지 않는다면 우리에게 아무런 의미를 줄 수 없기 때문입니다. 그러나 불트만의 이러한 해석학적 정당성에도 불구하고 그의 해석학이 불러일으키는 문제점은, 그가 자신의 해석학적 방법인 비신화화 이론과 실존주의 해석에 지나치게 함몰된 나머지 신약성서 메시지가 가지는 다양한 사상적 층위들(차원들)을 인간 실존의 문제로만 축소하여 해체(Abbau)시키고 있다는 데 있습니다. 물론 신약성서의 메시지

---

70   참조, 이동영, "역사적 예수 불가지론에 대항하여", 『신학 레시피』 (서울: 새물결플러스, 2020), 332-333.

가 인간에게 옛 존재, 즉 비본래적인 거짓된 실존을 벗게 하고 새로운 존재, 즉 본래적인 참된 실존을 얻게 한다는 것은 틀린 말이 아닙니다. 그리고 이러한 해석학적인 통찰이야말로 불트만의 신약성서 해석의 기여라고 할 수 있습니다. 그러나 신약성서의 구원론이 단지 인간 실존의 각성과 변화만을 말하고 있지 않다는 것이 불트만의 문제입니다. 신약성서가 말하는 구원은 인간 개인의 실존적인 구원의 차원을 훨씬 뛰어넘어, 하나님나라라는 총체적인 차원에서 인간과 세계와 역사의 구원을 또한 말하고 있기 때문입니다. 불트만은 이러한 사실을 간과하고 있습니다.

둘째, 불트만은 성서가 증언하는 '구원의 역사'(historia salutis)를 신화로 간주하여 비신화화해야 한다고 주장합니다. 그렇게 함으로써 그는 구원의 역사를 '비역사화'와 '탈세계화'의 나락으로 떨어뜨리고 있습니다. 그의 신학에서 구원사의 역사적인 차원은 상실되고, 인간과 역사와 자연만물을 포함하는 삼위 하나님이 이끌어 가시는 보편적 구원사가 오직 인간 실존의 역사성으로 축소되어 해체되어 버리고 마는 사태가 발생하고 있습니다.

셋째, 불트만에 따르면 인간이 실존적으로 결단하는 지금 여기에서의 순간이야말로 성서가 강조하는 핵심적인 메시지입니다. 불트만에게 있어 하나님의 창조와 구원과 새 창조는 신화로 격하되고, 신앙 안에서 가짜 실존인 비본래적인 실존으로부터 진짜 실존인 본래적인 실존으로 결단하는 '지금 여기에서'의 결단의 순간만이 중요한 것으로 강조됩니다. 우리는 성서가 증언하는 예수 그리스도의 복음이 인간 실존의 각성과 관련이 있다는 것을 인정한다 할지라도, 이러한 하이데거의 실존철학에 의존하는 성서의 메시지에 대한 불트만의 극단적인 해석은 세계와 역사에 대한 전망을 상실한, 실로 무세계적이고 비역사적인 주장이 아닐 수 없습니다. 성서에 대한 이러한 비역사적이고 무세계적인 이해는 오늘날 생태학적인 위기의 시대에 성서가 증언하는 하나님과 인간과 자연 만물 사이의 언약적인 관계를 신화로 간주하여 무력화시키고, 자연만물과 피조물들의 고통과 탄식에 대해 무관심하게 만들며, 단지 하나님을 인간의 실존과 관계하는 분으로만 이해하여 하나님을 향한 인간의 실존적인 각성만을 강조하게 되고, 하나님께서 창조하신 이 세상에 대한 인간의 책임을 망각하게 만듭니다. 그러기에 불트만의 비신화화 이론은 성서가 가르치고 증언하는 인간과 역사와 자연만물을 포괄하는 전 우주적인 구원을 간과하고, 성서의 구원을 단지 인간 실존의 구원으로만 축소시켜 이해하는 오류를 범하고 있습니다. 이렇게 되면 그리스도가 이 세상에 가져오시는 구원은 인간의 실존적인 각성으로서의 자기이해로 축소되며, 그리스도께서 가져오시는 구원의 세계사적이고, 우주적이며, 생태학적인 차원이 상실되고 맙니다.

넷째, 우리는 '신앙의 그리스도'와 '역사적 예수'를 극단적으로 분리시켜 역사적인 예수를 불가지론의 영역으로 돌리고, 오직 신앙의 그리스도만이 중요하다고 말하는 불트만의 주장의 문제점을 지적하지 않을 수 없습니다. 불트만에 따르면 역사적 예수는 우리에게 어떤 신앙도 가져다주지 못하며, 그러기에 신앙은 역사적 예수와 관련되어 있는 것이 아니라 교회가 선포하는 신앙의 그리스도와 관련되어 있다는 것입니다. 그러나 '신앙의 그리스도', 즉 케리그마가 선포하는 그리스도가 '역사적 예수'에 근거하지 않을 때, 이러한 그리스도론적인 사유에서 그리스도에 대한 관념 외에 과연 무엇이 남는단 말입니까? 그리고 케리그마의 그리스도가 역사적 예수의 진정성에 근거하지 않는다면 우리가 어떻게 케리그마의 그리스도에 대한 선포를 진정성 있는 선포로 받아들일 수 있단 말입니까? 그것은 관념이고 허상이 아닙니까? 역사적인 근거가 없는 케리그마의 그리스도를 우리는 어떻게 믿고 신뢰하며 그분을 향하여 순종과 헌신을 바칠 수 있단 말입니까? 그러므로 불트만의 역사적 예수 불가지론과 그 연속선상에서 신앙의 그리스도에 대한 강조는 가현설을 피할 수가 없으며, 예수 그리스도에 대한 우리의 신앙을 역사적인 근거를 상실한 관념과 허구의 나락으로 전락하게 만드는 위험성을 노출시키고 있습니다.

하나님은 그리스도 안에서 자가 자신을 계시하신 분이십니다. 그래서 헤르만 바빙크(Herman Bavinck)와 칼 바르트(Karl Barth) 같은 신학자들은 예수 그리스도를 '하나님의 자기계시'(Selbstoffenbarung Gottes)라고 정당하게 말할 수 있었습니다. 성서의 중심은 그리스도 안에서 자신을 계시하신 하나님입니다. 이에 반하여 불트만은 인간을 성서의 중심에 놓습니다. 그래서 그는 하나님께서 그의 아들을 이 세상에 보내시고, 그의 아들이 갈릴리에서 하나님나라의 복음을 전하시고, 고난 받고 십자가에서 죽으셨다가 부활하셨으며, 승천하시어, 장차 산 자와 죽은 자를 심판하시러 영광 중에 다시 오신다는 사실을 신화로 간주하고 받아들이지 않습니다. 그러나 이것은 신화가 아니라 신약성서가 증언하는 역사적 예수에 대한 서사이며 '구원사'(라틴어: *historia salutis*, 독일어: Heilsgeschichte)의 핵심적인 내용입니다. 그러므로 '그리스도 사건'(Christusereignis)은 하나의 관념(Idee)으로서가 아니라, 하나의 역사적인 사건으로 이해되어야만 합니다. 역사적 예수와 신앙의 그리스도를 극단적으로 구분하여 신앙의 그리스도만을 강조하고 그러한 그리스도를 실존주의적인 관점에서만 해석하여 인간과만 관계시키고자 하는 불트만의 주장은 그리스도론을 가현설의 나락으로 떨어뜨리는 오류입니다. 그래서 바르트는 불트만의 그리스도론에 대해 가현설적인 경향을 갖고 있다고 강하게 비판했던 것입니다.[71] 불트만이 이러한 오류의 나락으로 떨어진 것은 니체(Friedrich Nietzsche)식(式)으로 표현하면, 그가 하이데거(Martin Heidegger)라는 독거미에 물렸기 때문입니다. 여기에서 하나님나라에 대한 예수의 메시지는 하이데거의 실존에 대한 메시지로 왜곡됩니다. 그래서 하나님나라를 향한 예수의 부르심은 온데간데없이 사라지고, 비본래적인 가짜 실존을 버린 뒤 본래적인 진짜 실존으로 결단해야만 한다는 하이데거의 실존주의적인 소명의식이 불트만의 신학에 짙은 암영을 드리우고 있습니다.

다섯째, 불트만에게 종말은 하나님과의 만남을 통한 새로운 결단에 의해 거짓된 옛 자아를 끝장내고 참된 새로운 자아를 소유하게 됨을 의미합니다. 그러므로 거짓된 옛 자아로부터 참된 새로운 자아로 결단하는 '순간'(Augenblick)이 종말인 것입니다. 이러한 불트만의 실존적인 종말이해는 우주적이고 세계사적이며 미래적인 종말을 현재의 순간으로 축소시켜 버립니다. 역사의 목적과 의미를 오직 인간 개인의 실존적인 결단에서만 찾고자 하는 그의 입장은 성서가 증언하는

---

71 Karl Barth, *Die Auferstehung der Toten*, 4.Auflage (Zollikon–Zürich: Evangelischer Verlag, 1953), 34.

역사적이고 미래적이고 보편적인 종말론을 개인적이고 실존적인 것으로 축소시켜 버립니다. 그러나 성서가 증언하는 종말론은 시간적이고 역사적인 것입니다. 하나님의 구원의 역사가 종말에 완성될 것이며, 하나님이 이루실 구원의 범위는 단지 개인의 실존에 국한되는 것이 아니라 자연만물과 세계와 역사를 포함하는 전(全) 창조세계에 이릅니다. 그러나 불트만은 비신화화 이론과 신약성서의 실존주의적인 해석이라는 자신의 도그마에 완고하게 사로잡힌 나머지 다음과 같이 주장했던 것입니다. '종말론은 역사의 목적으로 이해되어서는 안 되고, 사실상 인간 개인의 존재의 목적으로 이해되어야만 한다'[72] 여기에서 우리는 불트만에 의해 종말론이 '개인화'(Individualisierung)되고 '사유화'(Privatisierung)되고 있음을 목도합니다. 구원사의 종국에 있을 하나님의 우주적이고 총괄적인 구원이 인간 개인의 실존적인 결단과 각성으로 축소되고 있는 것입니다. 그렇게 함으로써 불트만은 종말론을 인간론으로 해체시켜 버렸던 것입니다. 그래서 독일의 신학자 볼프하르트 판넨베르크(Wolfhart Pannenberg)가 정당하게 비판했던 것처럼, 불트만의 신학은 자신의 비신화화 이론과 실존주의적인 해석으로 인해 신학에 있어서 '인간학적 축

---

72   Rudolf Bultmann, "Geschichte und Eschatologie im Neuen Testmament", in: Ders., *Glauben und Verstehen*, III., 3.Auflage (Tübingen: J. C. B. Mohr, 1965), 102.

소'(anthropologische Verengung)와 '해석학적 주제에 있어서 실존주의적 협소화'(existentiale Engführung der heremeneutischen Thematik)를 면치 못하고 있습니다.[73] 그러나 성서는 하나님의 구원이 역사와 시간의 끝인 미래의 종말에 완성될 것이며, 마지막 때에 만물은 종국적으로 그리스도 안에서 하나로 연합될 것이며, 하나님은 모든 것 안에 모든 것이 되셔서 '만유의 주로서 만유 안에' 거하게 되실 것(엡 1:10; 고전 15:28)이라고 선포합니다.

5. 해제를 마무리하며

루돌프 불트만의 신학은 20세기 자연과학적 세계관을 가진 현대인들에게 신약성서의 메시지를 의미 있는 것으로 선포하기 위한 하나의 해석학적인 노력이었다는 점에서 그의 신학의 공헌을 인정할 수는 있을 것입니다. 독자들이 이제부터 읽을 책 『예수 그리스도와 신화』에서도 불트만이 이러한 해석학적인 문제에 대해 모든 신학적인 관심사를 집중시키고 있다는 사실을 확인하게 될 것입니다. 그래서 우리가 실제로

---

73 Wolfhart Pannenberg, "Hermeneutik und Universalgeschichte", in: Ders., *Grundfragen Systematischer Theologie* (Göttingen: Vandenhoeck & Ruprecht), 100.

그의 책들을 읽어보면 신학적인 사유에 있어서 수많은 번뜩이는 통찰들을 배울 수 있습니다.

그럼에도 불구하고 지금까지 살펴보았듯이 불트만의 신학에도 간과할 수 없는 여러 가지 약점들이 도사리고 있습니다. 그중에서도 크게 부각되는 점은 그가 신약성서의 케리그마의 역사성을 부인하고 있다는 데 있습니다. 특히 그는 신약성서의 구원사적이고 종말론적인 범주를 고대 신화의 껍질에 불과한 것으로 간주하고 그것을 제거해 버리려고 합니다. 그래서 프랑스 스트라스부르(Strasbourg)의 신약성서학자 오스카 쿨만(Oscar Cullmann)이 그의 저서 『그리스도와 시간』[74]에서 정당하게 비판했던 것처럼, 불트만은 구원사의 역사성을 전면적으로 부인하고, 비신화화 이론과 실존주의적인 해석을 앞세워 구원사를 인간 개인의 실존적인 사건으로 해체시켜 버립니다. 이렇게 불트만은 신약성서의 근본 케리그마들을 신화로 간주하여 비신화화함으로써 그것들의 역사성을 전면적으로 부인하는 오류를 범하고 있습니다. 따라서 볼프하르트 판넨베르크(Wolfhart Pannenberg)가 지적한 것처럼 불트만 신학의 문제점은, 그의 신학적 논리가 역사의 지평과 전망을 상실한 채 비역사적이고 탈세계적인 관념의 사변으로 전

---

74   Oscar Cullmann, *Christus und Zeit. Die urchristliche Zeit – und Geschichtsauffassung* (Zollikon–Zürich: Evangelischer Verlag, 1946).

락하고 있다는 데 있습니다.[75] 예를 들면 불트만의 『요한복음 주석』[76]은 읽는 이로 하여금 수많은 신학적인 통찰과 묵상의 깊이를 일깨워주는 저서임에도 불구하고, 요한복음에 기록된 예수의 가르침이나 행적의 역사성을 철저하게 부인합니다.

　이 해제가 불트만을 이해하고 본서를 읽어가는 데 작은 도움이 되길 바랍니다.

75　Wolfhart Pannenberg, "Hermeneutik und Universalgeschichte", 100.

76　Rudolf Bultmann, *Das Evangelium des Johannes* (Göttingen: Vandenhoeck & Ruprecht, 1941).

출판사 후문

이 책은 불트만의 여러 책들 중에서 그를 이해하기 위해 가장 먼저 그리고 가장 많이 읽히는 책 중 하나입니다. 적은 분량에 그의 주요한 사상들이 잘 요약되어 있기 때문입니다. 하지만 당시의 다양한 신학과 철학의 여러 논의들이 불트만을 통해 그 안에서 거대한 사상적 체계로 종합된 내용이기에, 이를 온전히 이해하기란 결코 만만치 않습니다.

이 점을 잘 알고 계신 역자 이동영 교수께서 독자들을 위해 본문에만 20개가 넘는 역자주(약 10,000자 분량)를 달아주셨고, 90페이지에 달하는 비평적 해제를 써주셨습니다. 이를 통해 독자는 불트만이 놓였던 시대의 여러 정황과 그의 신학이 탄생하게 된 주요 맥락들을 쉽게 파악할 수 있을 뿐만 아니라, 불트만의 사상과 그 특징, 비판점 등을 보다 쉽게 이해할 수 있게 되었습니다. 서문과 해제에 담긴 저자와 불트만과의 애증 어린 서사를 통해서는, 불트만의 신학이 다양한 해석의 지평과 어떻게 반응하며 그곳에 어떠한 의미로 다가가는지를 흥미롭게 유추해 볼 수도 있을 것입니다. 이러한 역자의 진심 어린 수고에 깊이 감사드립니다.

이 책의 판권과 관련된 이야기를 잠시 남기려 합니다. 본 책의 번역 출간을 계약하고자 독일에서 유학 중이신 역자의 제자 분을 통해 이 책을 출간한 GTB Siebenstern과 Gütersloher Verlagshaus에 직접 통화하여 판권을 문의했으나 모두 저작권에 대해 알 수가 없다는 답변을 받았습니다. 불트만 전집에 대한 판권을 갖고 있는 J.C.B. MOHR (PAUL SIEBECK) Tübingen 출판사에도 문의했으나 동일한 답변을 받았습니다. 이 점을 확인하고 책의 출간을 진행했으나, 차후 언제라도 계약에 대한 의무가 확인이 되면, 그 즉시 계약을 진행하고 미리 출간하여 발생한 여러 상황들(계약 및 인세를 포함한 각종 비용 문제 등)에 대해 온전히 책임을 지도록 하겠습니다.

역자가 자신의 비평적인 해제에서 밝히고 있듯이 불트만의 사상에는 순순히 동의하기 어려운 지점들이 존재합니다. 그럼에도 불구하고 이 책을 읽은 독자들이 신앙이란 그저 추상적이고 사변적인 지식이 아니라, 하나님의 말씀 앞에서의 실존적인 결단되어야만 한다는 불트만의 역설(力說)에 대하여 깊이 고민해 볼 수 있다면 좋겠습니다. 이 책이 불트만 신학에 대한 이해와 공정한 비평에 작은 도움이 될 수 있기를 희망합니다.

지우

이동영

총신대학교신학대학원을 졸업하였고, 오스트리아 비인대학교(Univ. Wien) 고전어학부에서 고전어 과정(Latinum, Graecum)을 이수한 후, 동 대학교 신학부에서 저명한 개혁신학자 울리히 쾨르트너 교수(Prof. Dr. Ulrich H. J. Körthner)의 지도하에 신학 기초 과정을 공부하였다. 그 후 네덜란드 암스테르담 자유대학교(Vrije Univ. Amsterdam) 신학부에서 아트 판 에크몬트 교수(Prof. Dr. Aad. van Egmond)의 지도하에 교리사(부전공)를 그리고 코르넬리스 판 더 코이(Cornelis van der Kooi) 교수의 지도하에 교의신학(전공)을 연구하였으며, 판 더 코이 교수를 지도교수로 신학석사학위를 취득했다. 그리고 독일 보훔대학교(Ruhr-Univ. Bochum) 신학부에 진학하여 트라우고트 예니헨 교수(Prof. Dr. Traugott Jähnichen)를 지도교수로 그리고 미하엘 바인리히 교수(Prof. Dr. Michael Weinrich)를 부지도교수로 삼위일체신학을 전공하여 '최우등'(magna cum laude)의 성적으로 신학박사학위(Dr. theol.)를 취득했다. 이 학위논문은 그 학문적 가치를 인정받아 제2차 세계대전 당시 나치 히틀러에 대항하여 독일 '고백교회'(Bekennende Kirche)를 설립하는 데 중대한 공헌을 했던 고백교회의 지도자 한스 에렌베르크 목사(Pfr. Dr. Hans Ehrenberg)를 기념하는 저명하고 명예로운 신학시리즈인 '한스 에렌베르크 기념신학총서'의 제20권으로 선정되어 『삼위일체 하나님과 그분의 공동체』(Der dreieinige Gott und seine Gesellschaft)라는 제목으로 독일에서 출판되었다. 오스트리아 비인 정동교회 담임 교역자로 12년간 사역하였으며, 현재 서울성경신학대학원대학교의 조직신학 교수이며 도서관장이다. 저서로는 『송영의 삼위일체론』(새물결플러스, 2017), 『신학 레시피』(새물결플러스, 2020), 『몸짓의 철학』(지노: 2020)이 있다.